POLSKA

Zaproszenie do podrózy

POLAND – Invitation for a Journey
POLEN – Einladung zur Reise

Agnieszka i Włodek Bilińscy

POLSKA
Zaproszenie do podróży

POLAND – Invitation for a Journey
POLEN – Einladung zur Reise

tekst Ryszard Bryzek

VIDEOGRAF II
Katowice

Małopolska
i Karpaty

9

Śląsk
i Sudety

37

Wielkopolska
i Kujawy

59

Mazowsze

79

POLSKA

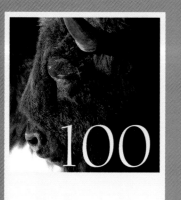

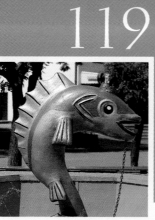

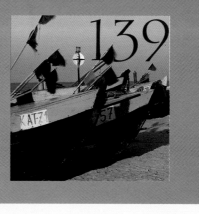

Wstęp
Introduction
Einführung

Polska jest krajem pięknym, ciekawym i różnorodnym – można się prawie uśmiechnąć, czytając tak oczywistą, że aż banalną prawdę. Jakże często jednak zapominamy o tym, marząc o zagranicznych podróżach, zwłaszcza do egzotycznych krajów. Niniejszy album jest treściwym zbiorem ulotnych impresji, przedstawiających to, co u nas najcenniejsze. Od gór aż do morza: podróż zaczyna się na południu, w Małopolsce i jej stolicy, Krakowie, niegdysiejszej stolicy Polski – mieście promieniującym swego czasu świetnością na całą niemal Europę, a dzisiaj odzyskującym dawny blask. Niezrównane są górskie krajobrazy tego regionu, zwłaszcza tatrzańskie, będące właściwie jednym z podstawowych znaków rozpoznawczych naszego kraju. Przemierzając kolejne krainy, można ujrzeć

zamki i pałace Dolnego Śląska – ślady jego burzliwej historii, w Wielkopolsce odwiedzić miejsca, gdzie narodziła się państwowość polska, a na Mazowszu zadumać się nad pejzażem z polną drogą i rosochatymi wierzbami, które były jedną z inspiracji dla Fryderyka Chopina. Na Warmii i Mazurach, wśród tysięcy malowniczo położonych jezior, wznoszą się krzyżackie zamczyska i warownie, pamiętające czasy wspaniałego rycerstwa, wielkiej historii i zaciekłych bitew. A na koniec morski brzeg pozwala wypocząć w słynnych kurortach i uzdrowiskach, wśród złocistych plaż i przy szumie sosnowych lasów. Oprócz mnóstwa atrakcji powszechnie znanych można czasami zobaczyć rzeczy zupełnie niezwykłe, jak choćby unikatowe zabytki techniki, do których należy Kanał Augustowski albo Kanał Elbląski z systemem pochylni i śluz. A na wschodnich kresach można spotkać Litwinów i Białorusinów, a nawet... Tatarów.

Prezentowany album nie ma aspiracji do tego, by być wyczerpującym źródłem wiedzy – stanowi raczej, jak wskazuje jego tytuł, zaproszenie do spojrzenia na wszechstronnie rozumianą urodę naszej ojczyzny. Dlatego sięga do tego, co najważniejsze, żeby nie powiedzieć sztandarowe, stanowiąc swojego rodzaju wybór miejsc, których obiektywna, niepodważalna wartość nie budzi wątpliwości.

Poland is a beautiful, interesting and varied country – read this and one may almost laugh at such an obvious, if not banal, truth. How often we tend to forget about her, dreaming about foreign trips instead, particularly to exotic countries. The current album is an accurate collection of passing impressions that present what is most precious in Poland. From the mountains towards the sea: the tour begins in the south, in Little Poland and its capital Cracow, the once-capital of Poland, which in its best times radiated its greatness almost all across Europe and today is regaining its past grandeur. Incomparable mountain landscapes, especially the Tatras, present one of the most distinguishing marks of this country. Passing through other landscapes, one can see castles and palaces of Lower Silesia – tracks of its rebellious history. In Great Poland one may visit places where Polish statehood was born, in Mazovia you can brood among back roads and windswept willows, which were one of the sources of inspiration for Frederic Chopin. In Warmia and Masuria, amid thousands of picturesquely situated lakes, rise Teutonic Knights'castles and fortresses, which still recall the times of noble knighthood, great history and fierce battles. Finally, the seacoast offers relaxation in the famous spa resorts, amid golden beaches and rustling pinewoods. Apart from the commonly known attractions, you may sometimes encounter unusual objects, such as unique technological remains like the Augustowski and Elbląski Canals with their systems of ramps and culverts. On the eastern borders one may encounter Lithuanians and Byelorussians... and even Tartars. The current album is not intended to be a comprehensive source of knowledge – it presents rather, as its title shows, an invitation to the versatile views of beauty of our mother country. It is orientated on what is most important, not on what is innovative, thus presented are the places of interest having obvious, undoubted value.

Polen ist ein schönes, interessantes und vielgestaltiges Land – man könnte fast lächeln, wenn man eine so offensichtliche, fast sogar banale Wahrheit liest. Wie oft vergessen wir es jedoch, wenn wir von Auslandsreisen, vor allem in exotische Länder, träumen. Dieses Album ist eine inhaltsreiche Sammlung von flüchtigen Impressionen, die all das vorstellen, was in unserem Land am wertvollsten ist. Von den Bergen bis ans Meer: die Reise beginnt im Süden, in Kleinpolen und seiner Hauptstadt Krakau, der ehemaligen Hauptstadt Polens. In einer Stadt, die einst ihren Ruhmesglanz auf fast ganz Europa ausstrahlte und heute ihren ehemaligen Glanz wiedergewinnt. Unvergleichlich sind die Berglandschaften dieses Gebietes, besonders die der Tatra, die eines der Grunderkennungszeichen unseres Landes darstellen. Wenn wir die anderen Gebiete durchwandern, können wir Schlösser und Paläste von Niederschlesien – Spuren seiner bewegten Geschichte – sehen, in Großpolen diejenigen Plätze besuchen, die als Geburtsstätte des polnischen Staatswesens gelten, und in Masowien die Landschaft mit Landsstraßen und gabelförmigen Weiden auf uns wirken lassen, die für Fryderyk Chopin Stück seiner Inspirationen waren. In Warmien und in den Masuren, inmitten von tausenden malerisch gelegenen Seen, erheben sich gewaltige Schlösser der Kreuzritter und Festungen, die den Zeiten des prächtigen Kreuzrittertums, der großen Geschichte und der losstürmenden Schlachten standgehalten haben. Und am Ende erlaubt das Meeresufer, sich in den ruhmreichen Kurorten und Seebädern inmitten goldgelbener Strände und beim Geräusch der Kiefernwälder auszuruhen. Außer der vielen allgemein bekannten Attraktionen kann man durchaus ungewöhnliche Dinge sehen, wie z. B. einzigartige Technikdenkmäler, zu denen der Augustowski-Kanal oder der Elbląski-Kanal mit seinem System der Hellinge und Schleusen gehören. Und in den Ostgebieten Polens kann man Litauer und Belorussen, und sogar... Tataren sehen.

Das präsentierte Album hat keine Aspirationen, eine ausführliche Wissensquelle zu sein – es ist eher, wie sein Titel bereits andeutet, eine Einladung, die vielseitig verstandene Schönheit unserer Heimat auf sich wirken zu lassen. Deswegen greift es nach demjenigen, was am wichtigsten, wenn nicht führend ist. Es bildet eine einzigartige Auswahl von Plätzen, deren objektiv unerschüttertes Wert keine Zweifel erweckt.

Zamek w Pieskowej Skale
The castle in Pieskowa Skała
Das Schloss in Pieskowa Skała

7

Na Wawelu w Krakowie
On Wawel in Cracow
Auf der Wawel-Anhöhe in Krakau

NON·NOBIS·DOMINE·NON·NOB

Małopolska i Karpaty

Małopolska i Karpaty
Little Poland and Carpathians
Kleinpolen und Karpaten

Obszar Małopolski obejmuje dorzecze górnej i środkowej Wisły, a nazwa jest znana od XIV wieku i miała być przeciwstawna do Wielkopolski (Wielkiej albo Starej Polski), czyli ziem, gdzie narodziło się państwo polskie. Nie ma przesady w stwierdzeniu, że jest to jedna z najciekawszych, najatrakcyjniejszych i najbardziej zróżnicowanych krain Polski. Kraków w 1978 roku został wpisany na pierwszą listę światowego dziedzictwa kulturalnego UNESCO, wtedy jako jeden z dwunastu najcenniejszych obiektów na świecie, natomiast w roku 2000 Rada Europy przyznała mu status Europejskiego Miasta Kultury; niewątpliwie należy on do najpiękniejszych miast europejskich. Nie sposób wymienić wszystkich bezcennych zabytków – jest ich tutaj najwięcej w Polsce, bo kilka tysięcy. Miejsce szczególne należy się Wawelowi, który przez wieki był siedzibą polskich królów i najważniejszym ośrodkiem władzy politycznej. Na krakowskim Rynku, w średniowieczu największym w Europie, wznosi się Kościół Mariacki ze słynnym ołtarzem Wita Stwosza, a także piękne renesansowe Sukiennice – niegdyś miejsce handlu suknem (stąd nazwa). Całości dopełnia niezliczona ilość uroczych kamienic, stale poddawanych zabiegom konserwatorskim, oraz muzea i galerie, jak również prawie zawsze pełne i tętniące życiem restauracje, kawiarnie i kluby.

Do Krakowa przylega Wieliczka, z unikatową w skali światowej kopalnią soli, liczącą sobie ponad 700 lat. Zwiedzanie podziemnych korytarzy i komór daje wyobrażenie o tym, jak wydobywano sól jeszcze w czasach średniowiecza, można także podziwiać rzeźby wykonane z soli, szczególnie cenne są figury i żyrandole w kaplicy św. Kingi, znajdującej się ponad sto metrów pod ziemią.

W okolicy Krakowa znajduje się Oświęcim, jedna z najbardziej wstrząsających i przejmujących pamiątek dziejów ludzkości – w obozach koncentracyjnych Auschwitz-Birkenau Niemcy wymordowali w czasie II wojny światowej półtora miliona ludzi.

Na północ od Krakowa, uroczymi wąwozami Dolinek Kobylańskiej i Będkowskiej zaczyna się Jura Krakowsko-Częstochowska – pasmo wapiennych skał oblepionych latem przez chmary wspinaczy. Niczym orle gniazdo, szczyt niejednej z nich wieńczył niegdyś zamek. Zespół warowni jurajskich powstał jeszcze w średniowieczu i jest po części dziełem Kazimierza Wielkiego. W XVII wieku straciły one na militarnym znaczeniu i dlatego bez trudu w czasie potopu szwedzkiego zostały zdobyte i spalone – obecnie są romantycznymi ruinami, przydającymi malowniczości krajobrazowi.

Najpiękniejsze obszary tej krainy chroni Ojcowski Park Narodowy, obejmujący Dolinę Prądnika, największą i najpiękniejszą z jurajskich dolinek, pełną jaskiń, skalistych kanionów albo ostańców, z charakterystyczną Maczugą Herkulesa na czele, stojącą opodal pięknego renesansowego zamku w Pieskowej Skale. W środkowej części wyżyny położona jest niepowtarzalna ciekawostka przyrodnicza, a mianowicie Pustynia Błędowska – obszar lotnych piasków i wydm w głębi lądu, obecnie niestety stale zarastający roślinnością. Jura Krakowsko-Częstochowska ciągnie się aż po Częstochowę – miasto, w którym na Jasnej Górze mieści się klasztor, będący najsłynniejszym sanktuarium maryjnym w Polsce, z cudownym obrazem Matki Boskiej.

Najdalej na północ wysuniętą częścią Małopolski jest ziemia kielecka i sandomierska. Do jej najbardziej wartościowych zabytków trzeba zaliczyć: opactwa cystersów (zwłaszcza bardzo dobrze zachowane w Wąchocku), zamki i pałace (pałac biskupów krakowskich w Kielcach, manierystyczny pałac Leszczyńskich w Baranowie Sandomierskim), a nade wszystko Sandomierz – perłę polskiego renesansu, miasto pięknie położone na wysokim brzegu Wisły, ze starówką należącą do najładniejszych w Polsce. Wiele tu także pamiątek po Staropolskim Okręgu Przemysłowym, zwłaszcza kuźnic, pieców i fabryk – okres jego świetności przypadł na początek XIX wieku, kiedy to przetapiano tu rudę żelaza, a działali tutaj Stanisław Staszic i Ksawery Drucki-Lubecki.

Góry Świętokrzyskie upodobały sobie wiedźmy i czarownice, przylatujące na miotłach nocną porą na Łysą Górę, aby odprawiać sabaty. W rzeczywistości szczyt był w zamierzchłych czasach miejscem kultu pogańskiego, dziś jest nazywany także Świętym Krzyżem i słynie z benedyktyńskiego klasztoru i kościoła, kryjącego relikwie Krzyża Świętego.

Na zachodnich krańcach Małopolski zabytki są porozrzucane na dużym obszarze, jednak mogą nieraz konkurować z największymi atrakcjami. Magnacka rezydencja w Łańcucie, otoczona wspaniałymi ogrodami, posiada największą w Polsce kolekcję powozów. Oprócz niej nie wolno pominąć górującego nad Nowym Wiśniczem zamku Lubomirskich oraz manierystycznego zamku w Krasiczynie.

Obszar Karpat należący do Polski obejmuje tylko północny skrawek tego rozległego łańcucha górskiego, którego najbardziej południowe krańce znajdują się w środkowej Rumunii.

Geneza gór sięga mniej więcej sto milionów lat wstecz, gdy na Ziemi wymierały dinozaury i pojawiły się pierwsze ssaki; wtedy jedne z najpotężniejszych ruchów górotwórczych w dziejach naszej planety, zwane orogenezą alpejską, ukształtowały znaczną część największych obecnie pasm górskich.

Główną grupą górską Karpat w Polsce są Beskidy, które dzielą się na Beskidy Zachodnie i Beskidy Wschodnie – ich geograficzną granicę stanowi Przełęcz Łupkowska. Krajobrazowo, kulturowo i gospodarczo oba pasma są zdecydowanie odrębne. Zachodnia część charakteryzuje się ostrzej zarysowanymi szczytami i stromymi zboczami. Posiada też lepiej rozwinięte zaplecze turystyczne – prym wiedzie w tym względzie Beskid Śląski, usytuowany najdalej na zachód i będący ważną bazą wypoczynkową, zwłaszcza dla Górnego Śląska. Królowa Beskidów – Babia Góra (1725 m), w Beskidzie Żywieckim, wznosząca się kilkaset metrów ponad otaczającymi szczytami, słynie z niezrównanej panoramy. Prastara puszcza karpacka, porastająca znaczną część masywu, przetrwała prawie w nienaruszonym stanie, dzięki czemu Babiogórski Park Narodowy znalazł się na liście UNESCO Światowych Rezerwatów Biosfery. Za jedną z najpiękniejszych grup górskich Beskidów wielu uważa Gorce, zawdzięczające tę opinię przede wszystkim rozległym halom, z których roztaczają się niezwykle malownicze widoki. Ponadto w starych pasterskich szałasach często można zobaczyć wędzące się nad ogniskiem oscypki. W bliskim sąsiedztwie Gorców znajduje się Beskid Sądecki, słynący między innymi z obfitości źródeł mineralnych – wokół nich utworzono liczne uzdrowiska: największe w Krynicy, a ponadto w Muszynie, Piwnicznej i Szczawnicy. Właśnie w Szczawnicy ma zakończenie spływ przełomem Dunajca, jedna z największych atrakcji w skali ogólnopolskiej. Na tym odcinku bystra rzeka przecina serce Pienin, meandrując wśród wapiennych turni kilkusetmetrowej nieraz wysokości.

Na wschód od Przełęczy Łupkowskiej zaczyna się kraina z łagodnymi liniami grzbietów i niezbyt wyraźnymi kulminacjami wierzchołków. Wschodnia część Beskidów, bo o niej mowa, jest mniej zaludniona i bardziej dzika. Wchodzące w jej skład Biesz-czady oraz Beskid Niski przywodzą na myśl urocze cerkiewki, zagubione często pośród małych, czasami już opustoszałych wiosek. Są one nierozerwalnie związane z historią, momentami tragiczną, rdzennych mieszkańców tych ziem – Łemków. Podobnie jak pozostali beskidzcy górale, a także górale spod Tatr, są Łemkowie potomkami pasterzy wołoskich, którzy w XVI wieku przywędrowali wzdłuż łuku Karpat z terenów dzisiejszej Transylwanii i ulegli przemieszaniu z ludnością polską przybyłą z nizin. W latach 40. w ramach niesławnej „Akcji Wisła” wysiedlono niemal całą ludność łemkowską, zamieszkującą tereny Beskidów Wschodnich.

Najznamienitszym jednak, chociaż obszarowo bardzo niewielkim fragmentem naszej części Karpat, są niewątpliwie Tatry. Jedyne w Polsce góry o prawdziwie alpejskim charakterze, stały się swojego czasu modne i są rokrocznie odwiedzane przez tłumy turystów. Jednak udając się w wyższe partie, można wśród surowych krajobrazów i wysokich groźnych turni przeżyć prawdziwie wysokogórską przygodę. U podnóża Tatr leży miasto-legenda, Zakopane, zaliczane do górskich kurortów na poziomie europejskim. W swojej historii przyciągało wiele znakomitości – przedstawicieli bohemy, postacie ze świata sztuki, kultury i nauki. Mówiąc o Tatrach i Zakopanem, trudno nie wspomnieć o rdzennych mieszkańcach, zwłaszcza że głównie tutaj zachowali oni bogatą niegdyś kulturę i uchodzą, nie bez racji, za kwintesencję polskiej góralszczyzny. Jednym z najbardziej znanych elementów tej kultury jest styl zakopiański, pojęcie wprowadzone przez Stanisława Witkiewicza, który, wzorując się na chatach góralskich, zaprojektował w Zakopanem kilka willi, m. in. Kolibę, Pod Jedlami oraz kaplicę w Jaszczurówce.

Cechą charakterystyczną flory Karpat jest piętrowy układ roślinności. Najniżej występuje regiel dolny, który tworzą głównie lasy bukowe i bory świerkowe oraz jodłowo-świerkowe, a położony wyżej regiel górny to przede wszystkim królestwo świerka. Ponad górną granicą lasów zaczynają się piętra typowo alpejskie: piętro kosodrzewiny, piętro hal i piętro turni – pojawiają się one właściwie tylko w Tatrach (piętro kosodrzewiny i hal spotyka się również w masywie Babiej Góry). Tatry są pod tym względem wyjątkowe, jako że rosną tam gatunki nie spotykane nigdzie indziej; należy do nich na przykład limba lub szarotka. Wyjątkowość Tatr dotyczy także świata zwierzęcego – oprócz bardziej pospolitych w całych Karpatach gatunków, takich jak jeleń, sarna czy dzik, ich obszar zamieszkują ponadto kozica, świstak i niedźwiedź (odwiedzający czasami Beskid Żywiecki lub Bieszczady).

The territory of Little Poland (Małopolska) includes the water basin of the upper and central river called the Vistula. This name has been known since the 14th century and it was meant to in contrast to Wielkopolska (Great or Old Poland), i. e. the territory, where the Polish state was founded. No doubt this is one of the most interesting, attractive, as well as most contradictory regions of Poland. In 1978 Cracow was entered into the top UNESCO list of World Cultural and Natural Heritage, being at that time one of the 12 most valuable developments in the world, and moreover in 2000, the European Council awarded it the status as a European City of Culture. This is certainly one of the most beautiful cities in Europe. It is impossible to name all the precious monuments, as there are several thousands of these. Special attention should be devoted to Wawel Castle, which for centuries was the residence of the Polish kings and also the most significant centre of political power. The Cracow town square, which in the medieval times was the largest in Europe, is famous for the St. Mary's Church with its famous altar by Veit Stoss, and in its centre the beautiful Renaissance Sukiennice (Cloth Hall) is located. Formerly this was a place of cloth trade (hence its name). There are numerous charming houses, which are constantly being restored, as well as museums and galleries, not to forget restaurants, cafeterias and clubs which are nearly always crowded and full of life.

Wieliczka with its world-unique salt mine, the age of which is over 700 years, is very close to Cracow. Visiting the underground corridors and chambers gives you an idea of salt extraction in the Middle Ages. One can also admire statues made of salt, especially the precious figures and chandeliers in the chapel of St. Kinga, which is located 100 metres below ground.

Oświęcim, which lies in the neighbourhood of Cracow, holds one of the most horrible and fascinating monuments of mankind. Here in the concentration camps Auschwitz-Birkenau the Germans killed 1.5 million people during the Second World War.

The Cracow-Częstochowa Jurassic Rocks, an area of calcareous rocks, which are covered with rock climbers specially in the summertime, reaches out from the north of Cracow through magnificent canyons of the Kobylańska and Będkowska Valleys. In the past there were castles on many of mountain peaks resembling eagles' nests. The whole chain of Jurassic-rock defensive castles originates from the Middle Ages and it was partly created by Casimir the Great. In the 17th century these constructions lost their military importance and therefore were easily captured and burnt down during the "Swedish Deluge". Today these are romantic ruins adding a picturesque character to the landscape.

Located close to the beautiful Renaissance castle in Pieskowa Skała is Ojcowski National Park, including the valley of Prądnik, which is the biggest and the most beautiful of all the Jurassic valleys, full of caves, rocky canyons, stone blocks, and foremost, the characterising Hercules' Maul. The central part of the upland contains a natural curiosity, namely the Błędowska Desert – an inland region of moving sands and dunes, which unfortunately is continually being grown over by plants. The Cracow-Częstochowa Jurassic Rocks extend to Częstochowa, a town where a monastery is located on Jasna Góra (Bright Mountain), which is the most famous sanctuary of the Virgin Mary with its miraculous picture of Our Lady.

The Kielce and Sandomierz regions occupy the most northern part of Little Poland. These regions are most famous for the following valuable monuments: several Cistercian abbeys (namely the very well preserved abbey in Wąchock), castles and palaces (the palace of Cracow bishops in Kielce, the Mannerist palace of the Leszczyński family in Baranów Sandomierski), and above all Sandomierz – the pearl of the Polish Renaissance, a town beautifully located on the steep bank of the Vistula, together with its Old Town, which is one the most beautiful in Poland. Here one can find a lot of monuments from the Old Polish Industrial Region, especially forging shops, furnaces and factories, while its zenith was in the beginning of the 19th century, when iron ore was melted here and during the era of Stanisław Staszic and Ksawery Drucki-Lubecki.

Góry Świętokrzyskie are popular among witches, who fly during night on their brooms to Łysa Mountain in order to organise witches' Sabbaths here. In fact the peak was in times long-past a place of a pagan cult and today it is also called Holy Cross, famous for its Benedictine abbey and church, which holds relics of Holy Cross.

Although the western parts of Little Poland have monuments all over its vast territory, these as popular as the biggest attractions. A magnate residence in Łańcut, which is surrounded by great gardens, possesses the biggest collection of carriages in Poland; apart from this, there is the castle of the Lubomirski family, which towers above Nowy Wiśnicz, as well as a Mannerist castle in Krasiczyn.

The region of the Polish Carpathian Mountains includes only the northern tip of this huge mountain range, the most southerly parts belonging to central Romania.

The genesis of the mountains goes back almost a hundred million years ago, when dinosaurs became extinct and the first mammals appeared on Earth. At that time, one of the grandest geological movements in the history of our planet, called the Alpine Orogenesis, created a substantial part of the today's highest mountains.

The main mountain group of the Carpathians in Poland are the Beskidy Mountains, which can be divided into Western and Eastern Beskidy, while its geographical border is formed by Łupkowska Pass. There is a substantial difference between the two mountain chains from the standpoints of nature, culture and economy. The western part is characterised by sharper peaks and steep slopes. Also its tourist infrastructure is better developed.

Perhaps the Silesian Beskidy, located furthest to the west, an significant tourist region, especially for Upper Silesia, may be considered the most important. The "queen" of the Beskidy – Babia Mountain (1725 m), which is several hundreds of metres higher than the neighbouring peaks, is famous for its incomparable panorama. A Carpathian primeval forest covering most of the mountains, has survived almost untouched. Thanks to this the Babiogórski National Park is listed by UNESCO among World Biosphere Reserves. Many consider Gorce one of the most beautiful mountain chains of the Beskidy, namely for its vast peaks offering the most picturesque panoramic views. It is also possible to see in the old shepherd's sheep-cotes how they smoke *oscypek* (a sheep cheese) over fire. Very close to Gorce one can find the Sądeckie Beskidy, which are famous apart from the others for their various mineral springs. In their proximity many spas were established, the biggest one in Krynica, as well as in Muszyn, Piwniczna and Szczawnica. Szczawnica, where the kayaking route along the Dunajec finishes, is a country-wide attraction. The rapidly flowing river intersects the "heart" of Pieniny here and winds between lime slopes, which are often several hundreds of metres high.

To the east of Łupkowska Pass, begins a region having shallow ridges and few significant peaks. The eastern part of the Beskidy, of which we are speaking is less populated and wilder. The Bieszczady and the Low Beskidy, which constitute a part of it, are characterised by small charming Orthodox churches, which are often hidden between small and abandoned villages. These are an integral part of the history, at times tragic, of the original inhabitants of this region, the Łemkowie. Similar to other Beskidy Mountain highlanders, as well as to the highlanders of the Tatra Mountains foothill regions, also the Łemkowie are descendants of Wallachian shepherds, who came here in the 16th century along the Carpathian curve from the region presently called Transylvania and who mixed with the Poles from the lowlands. In the 1940's almost all the Łemkowie population was displaced from the Eastern Beskidy Mountains during the inglorious "Vistula Action."

The Tatra Mountains are without doubt the most exquisite, although a very small region of our Carpathian Mountains. These are unique Polish mountains with Alpine character, which in their day, became very popular and still are annually visited by herds of tourists. A real Alpine adventure is available in the high altitudes surrounded by rough nature and high dangerous canyons. At the bottom of the Tatra Mountains, Zakopane, the legendary town and mountain recreation centre is situated, ranking among those of all Europe. In the course of its history it has attracted numerous personalities, e. g. representatives of Bohemians, and significant personalities of art, culture and science. When talking about the Tatra Mountains and Zakopane we must not forget the original inhabitants as they have sustained the once rich culture. They are by right considered the best of the Polish mountaineers. One of the best known elements of this culture is the so-called Zakopane style, introduced by Stanisław Witkiewicz, who designed several villas in Zakopane, drawing the patterns from mountain cottages; among others there are Koliba, Pod Jedlami and the chapel of Jaszczurówka. The characteristic feature of Carpathian flora is its stratified growth pattern. The bottom forest consists especially of oak, pine spruce and fir trees, while the upper forest is dominated with pine spruce. Above the upper border of the forests, typical alpine vegetation begin, i. e. regions of Carpathian pines, then mountain pastures, and finally bare and rocky cliffs, which are located only in the Tatra Mountains, while Carpathian pines can also be found in the Babia Mountain range. The Tatras are in this respect exceptional, because some species, like Russian cedar and low cudweed, can only be seen here. The Tatra Mountains are also exceptional for their fauna – apart from common species living in the whole Carpathian Mountains like red deer, roe and wild pig, its territory is also inhabited by chamois, marmot and bear (which sometimes also visit the Żywieckie Beskidy and Bieszczady Mountains).

Das Landgebiet von Kleinpolen umfasst das Zuflussgebiet der oberen und mittleren Weichsel. Der Name ist schon seit dem XIV. Jahrhundert bekannt und sollte einen Gegensatz zu Großpolen (Großem oder Alten Polen) bilden, also zu den Gebieten, in denen der polnische Staat geboren wurde. Ohne Übertreibung ist es eine der interessantesten, attraktivsten und differenziertesten polnischen Regionen. Krakau wurde im Jahre 1978 in die Liste der Weltkurturerbschaft UNESCO eingetragen, damals als eines der zwölf wertvollsten Objekte der Welt. Zusätzlich hat im Jahre 2000 der Europa-Rat dieser Stadt den Status der Europäischen Kulturstadt zuerkannt. Sie gehört zweifellos zu den schönsten Städten Europas. Es ist unmöglich, alle Denkmäler von unschätzbarem Wert aufzuzählen – hier befinden sich die meisten in Polen, einige Tausend. Eine besondere Stelle nimmt Wawel ein, der jahrhundertelang Sitz der polnischen Könige und das bedeutendste Zentrum der politischen Macht. Auf dem Krakauer Markt, der im Mittelalter der größte in Europa war, erhebt sich die Marienkirche mit dem berühmten Altar von Veit Stoß (Wit Stwosz) und in seinem Zentrum liegen die schönen im Renaissance-Stil erbauten Tuchhallen – einst Platz des Stoffhandels (daher der Name). Diese architektonischen Höhepunkte werden von unzählbaren Mengen reizvoller Bürgerhäuser ergänzt, die ständig Konservationsarbeiten unterzogen werden. Ebenso von Museen und Galerien und fast immer vollen und mit Leben pulsierenden Gaststätten, Cafés und Klubs.

An Krakau grenzt Wieliczka, mit einem im Weltmaße einzigartigen Salzbergwerk, das über 700 Jahre alt ist. Die Besichtigung der unterirdischen Korridore und Kammern lässt erahnen, wie man Salz noch im Mittelalter förderte. Man kann auch aus Salz gehauene Statuen bewundern. Besonders wertvoll sind die Figuren und Lüster in der Kapelle der St. Kinga, die sich mehr als hundert Meter unter der Erde befindet.

In der Umgebung von Krakau befindet sich Auschwitz, eines der erschütterndsten und aufregendsten Mahnmale der Menschensgeschichte – in den Konzentrationslagern Auschwitz-Birkenau wurden im II. Weltkrieg anderthalb Millionen Menschen von den Deutschen ermordet.

Nördlich von Krakau beginnt mit den zauberhaften Schluchten der Täler Kobylańska und Będkowska die Jura Krakowsko--Częstochowska – ein Zug von Kalkfelsen, der im Sommer von Bergsteigerscharen durchwandert wird. Wie ein Adlernest hat einst manchen Gipfel ein Schloss gekrönt. Der Juraer Festungskomplex entstand noch im Mittelalter und ist teilweise Werk von Kazimierz Wielki. Im XVII. Jahrhundert haben diese Festungen an Militärbedeutung verloren und deshalb wurden sie in der Zeit der schwedischen Flut mühelos erobert und verbrannt – gegenwärtig sind es romantische Ruinen, die der Landschaft das Pittoreske verleihen. Die schönsten Gebiete dieses Landes werden vom Ojcowski-Nationalpark geschützt, der das Tal von Prądnik

umgibt, das größte und schönste der Jura-Täler, das voll von Höhlen, Felsencañons oder Restbergen ist, mit einer charakteristischen Herkules-Keule im Vordergrund, die unweit vom schönen Renaissance-Schloss in Pieskowa Skała steht. Im mittleren Teil der Hochebene liegt die einmalige naturwissenschaftliche Merkwürdigkeit, nämlich die Błędowska-Wüste, ein Gebiet voni Flugsand und Dünen in der Tiefe des Landes, das mittlerweile leider mehr und mehr die Vegetation bewächst. Jura Krakowsko-Częstochowska erstreckt sich bis nach Częstochowa, der Stadt, wo auf dem Hellen Berg (Jasna Góra) ein Kloster steht, welches das berühmteste Mariensanktuarium mit dem Wunderbild der Mutter Gottes bildet.

Ganz im Norden von Kleinpolen befindet sich das Landgebiet von Kielce und Sandomierz. Zu seinen wertvollsten Altertümlichkeiten muss man die Zisterziensenabteien (besonders die gut erhaltene in Wąchock), Schlösser und Paläste (der Palast der Krakauer Bischöfe in Kielce, den manieristischen Palast des Adelstammes Leszczyński in Baranów Sandomierski) und vor allem Sandomierz zählen – die Perlé der polnischen Renaissance, eine auf dem hohen Weichselufer schön gelegene Stadt, mit einer Altstadt, die zu den schönsten in Polen gehört. Es gibt hier auch zahlreiche Denkmäler nach dem Altpolnischen Industriekreis, besonders Eisenhammer, Öfen und Fabriken – seine Glanzzeit fiel auf den Anfang des XIX. Jahrhunderts, als man hier Eisenerz schmelzte. Damals wirkten hier Stanisław Staszic und Ksawery Drucki-Lubecki.

Świętokrzyskie-Berge waren bei Hexen und Teufelsweibern beliebt, die auf ihren Besen nachts auf den Berg Łysa Góra flogen, um Sabat zu feiern. In Wirklichkeit war der Gipfel in den alten Zeiten ein Punkt des heidnischen Kultes, heute wird er Święty Krzyż (das Heilige Kreuz) genannt und ist dank seines Klosters und der Kirche der Benediktiner berühmt, in welcher die Reliquien des Heiligen Kreuzes aufbewahrt werden.

Im Westen Kleinpolens sind die Denkmäler auf einem großen Gebiet zerstreut, sie können jedoch oft mit den größten Attraktionen konkurrieren. Die Magnatenresidenz in Łańcut, von prächtigen Gärten umgeben, besitzt die größte Wagensammlung Polen. Neben dieser Residenz darf man auch das Schloss der Familie Lubomirski nicht vergessen, das über Nowy Wiśnicz emporragt, sowie das manieristische Schloss in Krasiczyn.

Das Gebiet der Karpaten, das zu Polen gehört, umfasst nur den nördlichen Landstrich dieser ausgedehnten Bergkette, deren südlichstes Ende sich in Mittelrumänien befindet.

Die Genesis der Berge langt etwa hundert Millionen Jahre zurück, als auf der Erde die Dinosaurier ausstarben und die ersten Säugetiere erschienen; damals haben die gebirgsbildenden Bewegungen, die zu den mächtigsten in der Geschichte unseres Planeten gehören, Alpengebirgsbildung genannt, einen bedeutenden Teil der gegenwärtig größten Gebirgszüge gestaltet. Die wichtigste Karpatenberggruppe in Polen sind die Beskiden, in die Westlichen und Östlichen Beskiden geteilt – ihre geographische Grenze bildet der Gebirgspass Przełęcz Łupkowska. Landschaftlich, kulturell und wirtschaftlich sind beide Gebirgszüge ausgesprochen unterschiedlich. Der westliche Teil hat schärfer gezeichnete Gipfel und steile Abhänge. Er hat auch ein besser entwickeltes Touristenhinterland – nicht ausgeschlossen, dass touristisch die Schlesier Beskiden (Beskid Śląski) die erste Geige spielen, die im westlichsten Teil gelegen sind und eine wichtige Erholungsbasis, besonders für Oberschlesien bilden. Die Königin der Beskiden – der Berg Babia Góra (1725 m), in der Umgebung der Stadt Żywiec, der einige hundert Meter über die umgebenden Gipfel emporragt, ist wegen seines außergewöhnlichen Panoramas berühmt. Der alte Karpaten-Urwald, der einen großen Teil des Massivs bewächst, überlebte in einem fast unberührten Zustand, dank dessen sich der Babiogórski-Nationalpark auf der UNESCO-Liste der Biosphäre-Naturschutzgebiete der Welt befindet. Zu den schönsten Berggruppen der Beskiden werden von vielen Leuten die sog. Gorce gezählt, die für ihre ausgedehnten Bergwiesen berühmt sind, von denen sich herrliche Aussichten bieten. Außerdem kann man in den alten Sennhütten der Hirten oft den Käse „Oscypki" sehen, wie er über dem Feuer geräuchert wird. In der direkten Nachbarschaft von Gorce liegt der Bergzug Beskid Sądecki, der unter anderem für seinen Reichtum an Mineralquellen berühmt ist. Rund um ihm sind zahlreiche Kurorte entstanden, von denen Krynica am größten ist und außerdem auch Muszyn, Piwniczna und Szczawnica erwähnenswert sind. Gerade in Szczawnica endet die Floßfahrt auf dem Durchbruch von Dunajec – eine der größten Attraktionen in ganz Polen. Auf dieser Stromstrecke durchschneidet der reißende Fluss das Herz von Pieniny, indem er zwischen den einige hundert Meter hohen Kalkbergspitzen Windungen bildet.

Östlich vom Łupkowski-Gebirgspass beginnt eine Landschaft mit seichten Bergkämmen und unscharfen Gipfelkulminationen. Der östliche Teil der Beskiden ist weniger bevölkert und wilder. Die Berge Bieszczady und Beskid Niski erinnern an reizende kleine russisch-orthodoxe Kirchen in kleinen, beinahe komplett verlassenen Dörfern. Sie sind untrennbar mit der manchmal tragischen Geschichte der bodenständigen Bevölkerung – Łemkowie – verbunden. Ähnlich wie die anderen Beskiden-Goralen und auch die Tatra-Goralen sind die Łemkowie genannt werden Nachkommen der walachischen Hirten, welche im XVI. Jahrhundert entlang des Karpatenbogens aus dem Gebiet des heutigen Transylvaniens hergekommen sind und sich mit der polnischen Bevölkerung, die aus dem Tiefland kam, vermischt haben. In den 40er Jahren hat man im Rahmen der unrühmlichen „Aktion Weichsel" fast die gesamte łemkische Bevölkerung ausgesiedelt, welche die Gebiete der östlichen Beskiden bewohnte.

Unübertrefflich ist jedoch das Tatra-Gebirge, obwohl es nur ein kleines Fragment unseres Karpatenteiles bildet. Die einzigen Berge in Polen von echtem Alpencharakter wurden in seiner Zeit modern, sie werden also alljährlich von Touristenmengen besucht. Wenn man sich jedoch in die höheren Partien begibt, kann man in den rohen Landschaften und zwischen den hohen drohenden Bergspitzen ein echt hochgebirgiges Abenteuer erleben. Am Tatra-Fuß liegt die Stadt-Legende Zakopane, die zu den Bergkurorten auf westeuropäischen Niveau eingereiht wird. In ihrer Geschichte lockte sie viele berühmte Personen – Vertreter der Boheme, Persönlichkeiten aus der Welt der Kunst, Kultur und Wissenschaft. Wenn man über die Tatra und Zakopane im Besonderen spricht, ist es schwer, die bodenständigen Bewohner unerwähnt zu lassen, zumal sie besonders hier eine einst reiche Kultur bewahrt haben und nicht ohne Grund für die Quintessenz des polnischen Goralentums gehalten werden. Eines der bekanntesten Elemente dieser Kultur ist der Zakopane-Stil, ein Begriff, den Stanisław Witkacy geprägt hat. Die Goralenhütten nachahmend projektierte er in Zakopane einige Villen, u. a. „Koliba", „Pod Jedłami" und die Kapelle auf Jaszczurówka.

Die charakteristische Eigenschaft der Karpatenflora ist die etagenförmige Anordnung der Pflanzenwelt. Am niedrigste erscheint der niedrige Hochwald, der besonders von Buchen- und Fichten- sowie Tannen-Fichtenwäldern gebildet wird. Der höher gelegene obere Hochwald ist vor allem das Königreich der Fichte. Oberhalb der oberen Waldgrenze beginnen die Alpenetagen: die Bergkiefernetage, die Bergwiesenetage und die Etage der Gipfel – sie erscheinen eigentlich nur im Tatra-Gebirge, wohingegen man die Bergkiefer - und Bergwiesenetage noch im Massiv von Babia Góra antrifft. In dieser Hinsicht ist das Tatra-Gebirge außerordentlich – es wachsen hier Gattungen, die nirgendwoanders gesehen werden. Zu solchen gehört zum Beispiel die Zirbelkiefer oder das Edelweiß. Das ungewöhnliche an der Tatra betrifft auch die Tierwelt – neben den in den ganzen Karpaten üblichen Tieren wie Hirschen, Rehen oder Wildschweinen, bewohnen dieses Gebiet Gemse, Murmeltiere und Bären (die manchmal Beskid von Żywiec oder Bieszczady besuchen).

Sukiennice i kościół Mariacki w Krakowie
The Cloth Hall and the St. Mary's Church in Cracow

Opactwo w Tyńcu nad Wisłą
The Benedictine abbey in Tyniec on Vistula
Die Abtei in Tyniec an der Weichsel

18

Kopalnia soli w Wieliczce – Kaplica św. Kingi (A), rzeźby solne górnika i ducha Skarbka (B)
The salt mine in Wieliczka – the Chapel of St. Kinga (A), salt statues of a miner and the spirit, Skarbek (B)
Die Salzgrube in Wieliczka – Die Kapelle der heiligen Kinga (A), in Salz gehauene Skulpturen eines Bergmanns und des Geistes Skarbek (B)

Muzeum na terenie dawnego obozu koncentracyjnego Oświęcim-Brzezinka
The museum on location of the previous concentration camp, Auschwitz-Birkenau
Das Museum auf dem Gelände des ehemaligen KZ-Lagers Auschwitz-Birkenau

Sanktuarium na Jasnej Górze w Częstochowie
The sanctuary on Jasna Góra in Częstochowa
Das Sanktuarium auf der Anhöhe „Jasna Góra"
(Heller Berg) in Częstochowa

Maczuga Herkulesa w Ojcowskim Parku Narodowym
The Hercules' Maul in Ojcowski National Park
Die Keule von Herkules im Nationalpark in Ojców

Zamki na Szlaku Orlich Gniazd – Ogrodzieniec (A), Olsztyn (B)
The castles on the Route of Eagle's Nests – Ogrodzieniec (A), Olsztyn (B)
Schlösser auf dem Weg der Adlernester – Ogrodzieniec (A), Olsztyn (B)

Święty Krzyż – klasztor Benedyktynów w Górach Świętokrzyskich
Święty Krzyż – the Benedictine monastery in Świętokrzyskie Mountains
Święty Krzyż – BenediktinerKloster in den Świętokrzyskie-Bergen

Jaskinia Raj
The Cave Paradise
Die Höhle „Raj"

700-letni dąb Bartek
A 700-year-old oak tree Bartek
Die 700-jährige Eiche „Bartek"

25

Zamek w Baranowie Sandomierskim
The castle in Baranów Sandomierski
Das Schloss in Baranów Sandomierski

Zamek w Łańcucie
The castle in Łańcut
Das Schloss in Łańcut

Kazimierz Dolny nad Wisłą
Kazimierz Dolny on Vistula
Kazimierz Dolny an der Weichsel

Rynek i ratusz w Sandomierzu
The square and the Town Hall in Sandomierz
Der Marktplatz und das Rathaus in Sandomierz

Starówka w Przemyślu
The Old Town in Przemyśl
Die Altstadt in Przemyśl

Zamek w Krasiczynie
The castle in Krasiczyn
Das Schloss in Krasiczyn

28

Zabytkowa cerkiew w Smolniku w Bieszczadach
An ancient Orthodox church in Smolnik, Bieszczady Mountains
Die altertümliche russisch-orthodoxe Kapelle in Smolnik in den Bieszczady-Bergen

XVI-wieczna cerkiew w Uluczu
The sixteenth-century Orthodox church in Ulucz
Die russisch-orthodoxe Kirche aus dem XVI. Jahrhundert in Klucz

Cerkiew obronna w Posadzie Rybotyckiej
The bastioned Orthodox church in Posada Rybotycka
Die russisch-orthodoxe Wehrkirche in Posada Rybotycka

Kościół drewniany z XV wieku
w Dębnie Podhalańskim
A wooden church from the 15th century
in Dębno Podhalańskie
Die hölzerne russisch-orthodoxe Kirche
aus dem XV. Jahrhundert
in Dębno Podhalańskie

Zamek w Niedzicy
The castle in Niedzica
Das Schloss in Niedzica

Dworek Tetmajerów w Łopusznej
The Tetmajer manor-house in Łopuszna
Das Landhaus der Familie Tetmajer in Łopuszna

Chata góralska w Chochołowie
A highland cottage in Chochołów
Eine Goralenhütte in Chochołów

Skansen w Zawoi
An open-air museum in Zawoja
Das Freilichtmuseum in Zawoja

31

Połonina Caryńska w Bieszczadzkim Parku Narodowym
Połonina Caryńska – a mountain pasture in the Bieszczadzki National Park
Połonina Caryńska – die Bergwiese im Bieszczady-Nationalpark

Na Pilsku w Beskidzie Żywieckim
On Pilsko Mountain in Beskid Żywiecki
Auf dem Pilsko-Berg in den Żywiec-Beskiden-Bergen

Na Diablaku
w Babiogórskim Parku Narodowym
On Diablak Peak
in the Babiogórski National Park
Auf dem Diablak-Gipfel
im Babia-Góra-Nationalpark

Przełom Dunajca w Pienińskim
Parku Narodowym
A ravine of the Dunajec River
in the Pieniński National Park
Durchbruch des Flusses Dunajec
im Pieniny-Nationalpark

Nad Morskim Okiem
w Tatrzańskim Parku Narodowym
Above Morskie Oko Lake
in the Tatras National Park
Über dem Morskie Oko-See
im Tatra-Nationalpark

Rezerwat „Szczeliniec" w Parku Narodowym Gór Stołowych
The Stołowe Mountains National Park – Szczeliniec Reserve
Das Naturschutzgebiet Szczeliniec im Góry-Stołowe-Nationalpark

Śląsk i Sudety

Śląsk i Sudety
Silesia and Sudetes
Schlesien und Sudeten

Obecny charakter Dolnego Śląska jest w znacznej mierze efektem burzliwej i zagmatwanej historii, jaka była jego udziałem. Do X wieku należał do Czech, potem władzę nad nim przejęli Polacy. Tak było do XIV wieku, kiedy znowu wrócił pod czeskie panowanie. Od 1526 roku szybko zaczął ulegać germanizacji, trafiając w ręce Habsburgów, którzy utracili go w XVIII wieku na rzecz Prus. Do Polski wrócił w 1945 roku i wtedy wysiedlono stąd ludność niemiecką, której miejsce zajęli mieszkańcy kresów wschodnich. Zawiłe losy śląskiej ziemi sprawiły, że mieszały się na niej wpływy różnych kultur. Odzwierciedleniem tego są liczne, niezwykle atrakcyjne i ciekawe zabytki – zwłaszcza liczba zamków i pałaców jest imponująca. Największy z nich znajduje się w Książu; stanowi on wraz z otoczeniem, w skład którego wchodzi okazała palmiarnia w Lubiechowie, Książański Park Krajobrazowy. Wspaniały jest zamek Czocha, pochodzący z XIV wieku, lecz wielokrotnie przebudowywany i noszący w związku z tym ślady różnych stylów. Podobnie rzecz się miała z innymi, niemniej świetnymi budowlami; wiele z nich posiada piastowski rodowód – wśród nich najbardziej znane są: zamek książęcy w Legnicy, zamek Grodno w Zagórzu Śląskim, zamek piastowski w Bolkowie i zamek książąt oleśnickich w Oleśnicy. Przełom XVI i XVII wieku to okres religijnych niepokojów, wiążący się z dominacją katolicką i prześladowaniami protestantów; zaowocował on między innymi olśniewającymi barokowymi klasztorami i świątyniami, zbudowanymi przez cystersów oraz jezuitów; jednym z najcenniejszych przykładów jest perła śląskiego baroku – opactwo Cystersów w Krzeszowie. Również barokowymi zabytkami podobnej rangi są zachwycający niedawno odnowionym wnętrzem (zwłaszcza tęczowymi barwami polichromii sklepienia) zespół klasztorny Benedyktynów w Legnickim Polu oraz opactwo Cystersów w maleńkim Henrykowie.

Wrocław, stolica Dolnego Śląska, jest położony na wielu wyspach oblanych wodami Odry, dlatego zwany jest miastem stu mostów; najstarszy jest most Piaskowy pochodzący z 1845 roku, a najsłynniejszy – wiszący most Grunwaldzki. Miasto zdumiewa niesłychaną wprost ilością gotyckich budowli, przede wszystkim kościołów; najważniejszym z nich jest katedra św. Jana Chrzciciela na Ostrowiu Tumskim, ale na uwagę zasługują również: monumentalny kościół garnizonowy św. Elżbiety, surowa bryła kościoła św. Marii Magdaleny oraz ogromny kościół św. Doroty. Najwspanialszą gotycką budowlą jest jednak, otoczony pięknie odrestaurowanymi kamieniczkami rynku, ratusz, którego koronkowe detale sprawiają, że przypomina zamek z bajki. Zabytki z innych okresów nie ustępują gotyckim: w barokowym gmachu Uniwersytetu Wrocławskiego można podziwiać prawdziwy majstersztyk – Aulę Leopoldina pełną malowideł, rzeźb, sztukaterii, dekoracji snycerskich i złoceń. Poza centrum rozciąga się rozległy Park Szczytnicki z górującą nad nim kopułą Hali Ludowej, a w jego sąsiedztwie jeden z najciekawszych w Polsce ogrodów zoologicznych, prowadzony przez państwa Hannę i Antoniego Gucwińskich.

Wśród przyrodniczych walorów tego regionu palmę pierwszeństwa dzierżą Karkonosze, jedyne w Polsce poza Tatrami pasmo górskie o alpejskim charakterze i dorównujące im pięknem krajobrazu, na który składają się obłe skaliste grzbiety, granitowe ostańce, kotły skalne i górskie jeziorka. Baza turystyczna u stóp Karkonoszy to miejscowości, które także warto odwiedzić – Jelenia Góra jest nie tylko świetnym punktem wypadowym, ale także siedzibą Muzeum Okręgowego z piękną kolekcją szklanych wyrobów; w Karpaczu koniecznie trzeba zobaczyć kościółek przeniesiony w XIX wieku z miejscowości Vang w Norwegii, a najbliższe okolice Szklarskiej Poręby to dwa bardzo ładne wodospady: Szklarki i Kamieńczyk.

We wschodniej części Sudetów jest położona Kotlina Kłodzka, z największym w kraju zgrupowaniem uzdrowisk. Najbardziej znane z nich – Kudowa Zdrój, Polanica Zdrój czy Duszniki Zdrój – są położone u stóp Gór Stołowych, których fantazyjne i dziwaczne formacje skalne przyciągają nie mniejsze tłumy niż bardziej znane Karkonosze. Wytchnienie od tak obleganych miejsc można znaleźć w znacznie mniej uczęszczanych Górach Sowich, Bystrzyckich czy Orlickich, oferujących długie wędrówki łagodnymi i niemal opustoszałymi szlakami.

Zupełnie inny jest Górny Śląsk, kojarzony przede wszystkim z krajobrazem przemysłowym, w którym dominują charaktystyczne wieże szybów górniczych. Z wydobyciem węgla, eksploatowanego tutaj od XVIII wieku, związane jest powstanie monstrualnej aglomeracji czternastu miast, nie zachęcających na pierwszy rzut oka do bliższego poznania. Jednak staranniejsze wniknięcie w atmosferę tej ziemi pozwala dostrzec nie tylko swoisty urok, wywodzący się zwłaszcza z historii jej pracowitego ludu, ale także niemało zabytkowych i ciekawych miejsc, jak chociażby zabudowa Katowic z okresu międzywojennego, opactwo Cystersów w Rudach Raciborskich, Sztolnia Czarnego Pstrąga w Tarnowskich Górach albo Park Kultury i Wypoczynku w Chorzowie. Otulina aglomeracji to duże obszary leśne, gdzie można wypocząć na łonie natury – do takich miejsc należy jezioro Pławniowice niedaleko Gliwic. Na południowym obrzeżu tej otuliny, w Pszczynie, podziwiać można otoczony pięknym parkiem, wytworny pałac, pełniący niegdyś funkcję zamku myśliwskiego. Dziś mieści się w nim ciekawe Muzeum Zamkowe, a w pobliskich Lasach Pszczyńskich znajduje się rezerwat z hodowlą żubrów.

Pałac w Pszczynie
The palace in Pszczyna
Der Palast in Pszczyna

The present Lower Silesia (Dolny Śląsk) is to a great extent the result of the turbulent and complicated history in which it has been entangled. Until the 10th century it belonged to Bohemia, then Poles took it over, ruling it until the 14th century when Czechs took it over again. From 1526 it was quickly Germanised, as it belonged to the Habsburgs, who lost this region in the 18th century in favour of Prussia. It was returned to Poland in 1945. At that time all German inhabitants were relocated and the territory was settled by inhabitants of eastern regions. This complicated development of Silesia resulted in a mixture of different cultures. It is reflected in numerous highly attractive and interesting monuments, especially the impressive number of castles and palaces. The biggest of them is located in Książ and together with its environs, part of which is a glamorous palm tree greenhouse in Lubiechów, they constitute the Książański Scenic Park. The superb castle, Czocha, originating from the 14th century has been rebuilt several times, thus bearing traces of different styles. This is also the case of other great buildings in the region, many of which have Piast origin. Here are the most famous: the count's castle in Legnica, Grodno Castle in Zagórze Śląskie, Piast Castle in Bolków, and the castle of Oleśnica counts in Oleśnica. The turn of the 17th century, being a period of religious distempers connected with the dominant position of

Catholics and persecution of Protestants brought over, apart from others, glaring Baroque monasteries and sanctuaries created by Cistercians and Jesuits. One of the most precious among these is the pearl of the Silesian Baroque – the Cistercian abbey in Krzeszów. Other Baroque monuments of similar importance include the Benedictine monastery in Legnickie Pole, charming especially due to rainbow-coloured polychrome on the vault in its recently-restored interior, and the Cistercian abbey in the tiny town of Henryków.

Wrocław, the capital of Lower Silesia, is situated on many islands bypassed by Oder waters, and therefore it is also called the town of one-hundred bridges, the oldest of which is Sand Bridge (most Piaskowy) originating from 1845. The most renowned is the suspended Grunwaldzki Bridge. The town astonishes everyone by an incredible number of Gothic buildings, especially churches; the most significant is the cathedral of St. John the Baptist on Ostrów Tumski. Nevertheless attention should also be paid to the monumental garrison church of St. Elisabeth, to the severe block of the Church of St. Mary Magdalene and to the huge church of St. Dorothy. The most magnificent Gothic building is the Town Hall surrounded by renewed houses on the square, the lace details of which evoke a fairy tale castle. Monuments of other eras are not beneath the Gothic ones: the Baroque building of the Wrocław University contains a re-

al jewel – Aula Leopoldina, full of paintings, sculptures, stuccos, wood-carving decorations and guilding. Away from the town centre there is the vast Szczytnicki Park, dominated by the Folk Hall cupola, and nearby there is one of the most interesting zoos in Poland, run by Mr Antoni and Mrs Hanna Gucwiński.

Speaking of natural jewel sights of this region, Karkonosze represents the foremost; except for the Tatra Mountains, the only in Poland with Alpine character, comparable to the Alps thanks to the beauty of the nature, represented by rounded rocky ridges, granite-block stones, rock gorges and mountain lakes. There are several tourist bases at the foot of the Karkonosze Mountains worth visiting, such as Jelenia Góra, which is not only an excellent starting point but also the site of the Regional Museum with a beautiful collection of glassware; in Karpacz one should visit the church, which was transported from the Norwegian town Vang in the 19th century; and finally near to Szklarska Poręba there are two nice waterfalls, Szklarki and Kamieńczyk.

The eastern part of the Sudetes region is represented by Klodzko basin with the highest concentration of Polish spas. The most famous ones are Kudowa Zdrój, Polanica Zdrój and Duszniki Zdrój, which are situated at the bottom of the Stołowe Mountains, where the magnificent and bizarre rock shapes attract as many visitors as the Karkonosze Mountains, which

are more famous. One can escape from such crowded regions to the far less visited Sowie, Bystrzyckie and Orlickie Mountains, offering long walks along moderate and nearly deserted paths.

Upper Silesia is completely different. It is especially connected with industrial zones and characteristic pitheads of mines. Coal has been extracted here since the 18th century, which also resulted in the creation of a huge urban conglomerate of 14 towns, which is not captivating at first glimpse. However, more careful penetration into the atmosphere of the countryside allows one both to perceive a particular attraction derived from the history of its hardworking people, and also perceive numerous historical and interesting places. Among others, the building developments of Katowice from the inter-war period, the Cistercian abbey in Rudy Raciborskie; Black Trout Gallery in Tarnowskie Góry; or the amusement park in Chorzów. Woods form the surroundings of the urban expanse, where one can relax in the heart of nature. Pławniowickie Lake near Gliwice is such a place. In the south area of the woods in Pszczyna, a noble palace surrounded by a beautiful park can be admired. The palace served as a hunting castle in the past. Today an excellent museum is located there. In the nearby Pszczyńskie Woods there is a refuge which breeds aurochses.

Das gegenwärtige Niederschlesien ist größtenteils ein Produkt der stürmischen und verwickelten Geschichte, die es erlebt hat. Bis zum X. Jahrhundert gehörte es zu Böhmen, dann haben bis zum XIV. Jahrhundert die Polen die Macht übernommen, bis es wieder unter tschechische Regierung kam. Unter den Händen der Habsburger begann es seit 1526 schnell unter den Einfluss der Germanisierung zu gelangen. Die Habsburger haben es im XVIII. Jahrhundert an die Preußen verloren. Zu Polen kam es im Jahre 1945, und damals hat man von hier die deutsche Bevölkerung umgesiedelt. Ihren Platz haben die Bewohner der Ostgebiete Polens übernommen. Die verwickelte Geschichte des schlesischen Landes hat eine Mischung von verschiedenen Kulturen verursacht. Das spiegelt sich in zahlreichen, ungewöhnlich attraktiven und interessanten Denkmälern wider – besonders imposant ist die Anzahl von Schlössern und Palästen. Der größte von ihnen befindet sich in Książ. Zusammen mit der Umgebung, zu der das prächtige Palmenhaus in Lubiechów gehört, bildet er den Książański-Landschaftspark. Prächtig ist das Schloss Czocha, das aus dem XIV. Jahrhundert stammt, aber vielmals umgebaut wurde und deswegen Spuren verschiedener Stilepochen trägt. Ähnlich war es mit anderen, nicht weniger prachtvollen Bauten. Viele von ihnen haben eine Piastenherkunft – unter ihnen zählen das Fürstenschloss in Legnica, das Schloss Grodno in Zagórze Śląskie, das Piastenschloss in Bolków und das Schloss der Fürsten von Oleśnica zu den bekanntesten. Die Wende vom XVI. zum XVII. Jahrhunderts ist von Religionsunruhen gekennzeichnet, die mit der katholischen Dominanz und der Verfolgung der Protestanten verbunden waren. In dieser Zeit entstanden unter anderem bezaubernde barocke Kloster und Tempel, die von den Zisterziensern und Jesuiten gebaut wurden. Eines der wertvollsten Beispiele ist die Perle des schlesischen Barocks – die Zisterziensenabtei in Krzeszów. Altertümliche barocke Denkmäler von ähnlicher Klasse bildet der Klosterkomplex der Benediktiner in Legnickie Pole, der durch den unlängst erneuerten Innenraum bezaubert (besonders durch die Regenbogenfarben der Gewölbe-Polychromie), sowie die Zisterziensenabtei im kleinen Henryków.

Breslau, die Hauptstadt von Niederschlesien, liegt auf vielen Inseln, von den Odergewässern umgeben, und daher wird sie „die Stadt der hundert Brücken" genannt. Die älteste ist die Piaskowy-Brücke aus dem Jahre 1845 und die berühmteste ist die hängende Grundwaldzki-Brücke. Die Stadt erstaunt mit einer gar unglaublichen Anzahl von gotischen Bauten, vor allem Kirchen. Die wichtigste von ihnen ist die Kathedrale St. Johannes des Täufers auf der Insel Ostrów Tumski, aber bemerkenswert sind auch die monumentale Garnisonkirche der St. Elisabeth, der rohe Block der Kirche der St. Marie Magdalena und die riesige Kirche der St. Dorothea.

Der prächtigste gotische Bau ist jedoch das von den schön restaurierten Bürgerhäusern am Markt umgebene Rathaus, dessen Spitzendetails es an ein Märchenschloss erinnern lassen. Die Denkmäler aus anderen Perioden stehen den gotischen in Nichts nach: im barocken Gebäude der Breslauer Universität kann man ein echtes Meisterstück bewundern – die Aula Leopoldina, voll von Gemälden, Statuen, Stukkaturen, Schnitzerdekorationen und Goldverzierungen. Außerhalb des Zentrums erstreckt sich der ausgedehnte Szczytnicki-Park mit der ihn überragenden Kuppel der Volkshalle (Hala Ludowa) und in seiner Nachbarschaft einer der interessantesten Zoo-Gärten in Polen, der von Hanna und Antoni Guciński geleitet wird.

Zu den naturwissenschaftlich interessanten Gebieten gehört das Riesengebirge, das neben dem Tatragebirge der einzige Gebirgszug in Polen von Alpencharakter ist. Es steht den Alpen in seiner Landschaftsschönheit gleich und hat ebenfalls schöne walzenförmige, felsige Gebirgskämme, Granitrestberge, Felsenkessel und Gebirgsseen. Die Touristenbasis am Fuß des Riesengebirges wird von Ortschaften gebildet, die man auch besuchen sollte – Jelenia Góra ist nicht nur ein ausgezeichneter Ausgangspunkt, sondern auch der Sitz des Regionalmuseums mit einer schönen Sammlug von Glaserzeugnissen; in Karpacz muss man unbedingt die kleine Kirche sehen, die im XIX. Jahrhundert aus der Ortschaft Vang in Norwegen hergebracht wurde. In der nächsten Umgebung von Szklarska Poręba gibt es zwei sehr schöne Wasserfälle: Szklarki und Kamieńczyk.

Im südlichen Teil der Sudeten liegt der Kłodzka-Kessel mit der größten Ansammlung von Kurorten im Lande. Die bekanntesten von ihnen – Kudowa Zdrój, Polanica Zdrój – liegen am Fuß der Stołowe-Berge, deren phantastische und seltsame Felsenformationen nicht weniger Menschen anlocken als das bekanntere Riesengebirge. Erholung von so viel frequentierten Plätzen kann man in den wesentlich weniger besuchten Sowie -, Bystrzyckie-oder Orlickie- Bergen finden, die lange Wanderungen auf fast leeren Wanderwegen anbieten.

Ganz anders ist Oberschlesien, das besonders mit der industriellen Landschaft assoziiert wird, in der die charakteristischen Türme der Förderungsschachte dominieren. Mit der Förderung der Kohle, die seit dem XVIII. Jahrhundert gewonnen wird, ist die Entstehung der monströsen Agglomeration von vierzehn Städten verbunden, die auf den ersten Blick zum näheren Kennenlernen nicht aufmuntert. Ein sorgfältiges Eindringen in die Atmosphäre dieses Landes ermöglicht jedoch, nicht nur seinen eigenen Reiz kennenzulernen, der besonders aus der Geschichte seines arbeitsamen Volkes herrührt, sondern auch eine Menge von altertümlichen und interessanten Plätzen anzutreffen, wie die Bebauung von Katowice aus der Zeit zwischen den Weltkriegen, die Zisterzieserabtei in Rudy Raciborskie, Stollen „Der Schwarzen Forelle" in Tarnowskie Góry oder der Kultur-und Erholungspark in Chorzów. Das Gebiet wird von großen Waldflächen umgeben, wo man sich im Freien ausruhen kann – zu solchen Plätzen gehört der See Pławniowice unweit von Gliwice. Am südlichen Rand dieser Umgebung in Pszczyna kann man einen vornehmen Palast bewundern, der von einem schönen Park umgeben ist. Dieser Palast erfüllte einst die Funktion eines Jagdschlosses. Heute ist es ein hervorragendes Museum, und in den nahen Wäldern von Pszczyna befindet sich ein Naturschutzgebiet mit einer Wisentenzucht.

A

Wrocław – ratusz (A),
          kamienice przy rynku (B)
Wrocław – the Town Hall (A),
          houses on the square (B)
Breslau – Rathaus (A),
          Bürgerhäuser am Markt (B)

B

Katedra na Ostrowie Tumskim we Wrocławiu
The cathedral on Ostrów Tumski in Wrocław
Die Kathedrale auf Ostrów Tumski im Breslau

Widok z wieży zamku na Ostrówku w Opolu
A view from the castle tower on Ostrówek in Opole
Die Aussicht vom Turm auf der Ostrówek-Anhöhe in Oppeln

44

Dom pod Przepiórczym Koszem w Legnicy
The House at the Partridge Cage in Legnica
Das Haus „Unter dem Wachtelkorb" in Legnica

Bazylika w Wambierzycach
The basilica in Wambierzyce
Die Basilika in Wambierzyce

Opactwo pocysterskie w Lubiążu
The former Cistersian abbey in Lubiąż
Die Nachzisterziensen-Abtei in Lubiąż

46

Ratusz w Jeleniej Górze
The Town Hall in Jelenia Góra
Das Rathaus in Jelenia Góra

47

Brama wjazdowa zamku w Brzegu
An entrance gate to the castle in Brzeg
Das Einfahrtstor des Schlosses in Brzeg

Zamek Książ
The Książ Castle
Das Schloss Książ

Zamek Czocha
The Czocha Castle
Das Schloss Czocha

Osiedle górnicze
w Katowicach-Nikiszowcu
A miner's housing estate
in Katowice-Nikiszowiec
Ein Bergmannsviertel
in Katowice-Nikiszowiec

Kościół przy opactwie Cystersów
w Rudach Raciborskich
The church in the Cistercian abbey
in Rudy Raciborskie
Die Kirche an der Zisterziensen-Abtei
in Rudy Raciborskie

Zamek w Głogówku
The castle in Głogówek
Das Schloss in Głogówek

51

Pałac eklektyczny w Mosznej
The eclectic palace in Moszna
Der eklektrische Palast in Moszna

Kaplica przy sanktuarium na Górze Św. Anny
A chapel in the sanctuary on Góra Św. Anny
Die Kapelle am Sanktuarium
auf der Anhöhe „Góra Świętej Anny"

Sztolnia Czarnego Pstrąga w Tarnowskich Górach
The Black Trout adit in Tarnowskie Góry
Der Stollen der Schwarzen Forelle in Tarnowskie Góry

Pałac w Brynku
The palace in Brynek
Der Palast in Brynek

Pałac w Pławniowicach
The palace in Pławniowice
Der Palast in Pławniowice

Świątynia Wang w Karpaczu
The Vang sanctuary in Karpacz
Der Tempel Wang in Karpacz

Karkonoski Park Narodowy – schronisko Samotnia (A), schronisko na Szrenicy (B)

The Karkonoski National Park – a shelter-home called Samotnia (A), a shelter-home on Szrenica (B)

Der Riesengebirge-Nationalpark – Die Berghütte Samotnia (A), Die Berghütte auf Szrenica (B)

Wodospad Szklarki
The Szklarki waterfall
Der Wasserfall Szklarki

Katedra na Ostrowie Tumskim w Poznaniu
The cathedral on Ostrów Tumski in Poznań
Die Kathedrale auf Ostrów Tumski in Posen

Wielkopolska i Kujawy

Wielkopolska i Kujawy
Great Poland and Kujawy
Großpolen und Kujawy

Wielkopolska dała początek polskiej państwowości – niejedno miejsce na tej ziemi pamięta czasy pierwszych Piastów. Jednakże dużo wcześniej, bo już w VIII wieku p.n.e., w Biskupinie kwitła osada kultury łużyckiej, należąca do najciekawszych w Europie rezerwatów archeologicznych. Pierwszą stolicą państwa polskiego było Gniezno. Najcenniejszym zabytkiem w mieście jest katedra z X wieku, w której przez prawie czterysta lat koronowano polskich władców. Uwagę zwracają zwłaszcza jej Drzwi Gnieź-nieńskie, klejnot sztuki romańskiej, gdzie na płaskorzeźbach przedstawiono sceny z życia i męczeńską śmierć św. Wojciecha.

Początki państwa polskiego obrazuje również Szlak Piastowski, na którym, oprócz Gniezna, znajduje się Ostrów Lednicki, gdzie już w VII wieku istniała prapolska osada, późniejsza siedziba Mieszka I, oraz Kruszwica, gród plemienia Goplan, wzmiankowany w Kronice Galla Anonima. Według legendy, właśnie tam księcia Popiela II pożarły myszy, a w rzeczywistości odebrał mu władzę ród Myszków.

Poznań, obecna stolica Wielkopolski, za czasów Mieszka I pełnił, obok Gniezna, funkcję grodu stołecznego. Dzisiaj jest znaczącym w kraju ośrodkiem handlowym i drugim po Warszawie centrum bankowości – zapewne dzięki wrodzonej poznaniakom gospodarności, pracowitości i umiejętności oszczędzania. Cechy te zresztą przypisuje się wszystkim mieszkańcom Wielkopolski. Na poznańskim Starym Rynku, otoczonym barwnymi fasadami kamienic, dominuje renesansowy ratusz, jeden z najpiękniejszych w Europie. Na wieży zegarowej każdego dnia dwunastokrotnie ukazują się bodące się koziołki.

W Rogalinie pod Poznaniem znajduje się należący niegdyś do Raczyńskich pałac rokokowo-klasycystyczny, ozdobiony ogrodem w stylu francuskim, jeden z najświetniejszych w Wielkopolsce. Otaczający go park krajobrazowy szczyci się skupiskiem dębów, z których aż 954 uznano za pomniki przyrody – wśród nich na uwagę zasługują zwłaszcza Lech, Czech i Rus. Równie wspaniały za-

mek w Kórniku, zbudowany w stylu angielskiego gotyku, ma stare arboretum przy romantycznym parku, uchodzące za jedno z najpiękniejszych w Polsce. Lista zamków i pałaców Wielkopolski nie kończy się oczywiście na Rogalinie i Kórniku – są inne, niewiele im ustępujące: renesansowa budowla w Gołuchowie, architektonicznie zbliżona do zamków nad Loarą, późnobarokowy pałac w Rydzynie, modrzewiowy pałacyk myśliwski Radziwiłłów w Antoninie czy też, związany z postacią Adama Mickiewicza, klasycystyczny pałac w Śmiełowie.

Ziemia konińska zaskakuje atrakcją innego rodzaju. Wprost z drogi Ślesin-Kleczew widać monstrualny krater odkrywkowej kopalni węgla brunatnego, mający kilkadziesiąt metrów głębokości i kilka kilometrów długości. Licheń Stary, blisko Konina, znany już jest od dawna jako cel pielgrzymek do cudownego obrazu Matki Boskiej Licheńskiej. Ostatnio jeszcze zyskał na sławie, a to za sprawą kontrowersyjnej bazyliki, zbudowanej z tak ogromnym rozmachem, że jest obecnie największym kościołem w Polsce i jedenastym pod względem wielkości na świecie.

Kalisz, drugie co do wielkości miasto Wielkopolski, szczyci się najstarszym w Polsce rodowodem pisanym – w 150 roku n. e. aleksandryjski geograf Ptolemeusz umieścił na mapie osadę Kalisia, leżącą na szlaku bursztynowym. Okolice Leszna, na zachód od Kalisza, na przełomie XVII i XVIII wieku były terenem twórczej działalności Pompea Ferrariego, wybitnego włoskiego architekta, który wiele budowli zaprojektował lub przebudował. W Rydzynie, rezydencji Leszczyńskich, na wzór włoski powiązał zespół pałacowo-parkowy z miastem. Pomagał też w odbudowie zniszczonego po pożarze kościoła św. Mikołaja w Lesznie, a w klasztorze Cystersów w Lądzie zaprojektował nawę środkową. Jednak za szczytowe osiągnięcie Ferrariego uznaje się kopułę wieńczącą centralną część kościoła klasztornego w Gostyniu, która ma siedemnaście metrów średnicy i jest największa w Polsce.

Na Starym Rynku w Poznaniu
On the Old Square in Poznań
Auf dem Altmarkt in Posen

61

Great Poland (Wielkopolska) is connected with the beginning of the Polish state – there are many places in this region which recall the times of early Piast dynasty members. Even earlier, as early as the 8th century BC, a settlement of Lusatian culture flourished in Biskupin, today belonging among the most interesting archeological preservations in Europe.

Gniezno is known as the first capital of the Polish state. The most significant historical monument of the town is the cathedral originating from the 10th century, where nearly all Polish rulers were crowned for almost 400 years. Attention should be especially drawn to the Door of the Gniezno Cathedral (Drzwi Gnieźnieńskie), a jewel of Romanesque art, with its embossed scenes of the life and martyrdom of St. Adalbert.

The commencement of the Polish state is also reflected in the Piast Route, on which apart from Gniezno also lies Ostrów Lednicki, where an ancient Polish settlement existed in the 7th century and was later known as the seats of Mieszko I, and finally Kruszwica, a castle of the Goplanie tribe, mentioned in Chronicles of Gaul the Anonymous. According to legend it was namely there where rats ate Count Popiel II. In fact it was the Myszka family that deprived him of his reign.

Poznań, today a centre of Great Poland, under the rule of Mieszko I was, apart from Gniezno, a residential castle. Today it is a significant business centre and the second-ranking banking centre following Warsaw, surely due to the inherited economy and the industriousness and considerateness of the inhabitants of Poznań. In fact these features are characteristic of all the inhabitants of Wielkopolska. The Renaissance Town Hall shining on the Old Town square in Poznań, with houses of various colours, is considered to be one of the most beautiful in Europe. The tower's astronomical clock is famous for its fighting goats, which appear 12 times per day.

Rogalin near Poznań, which is famous for its rococo-classicistic palace and decorated with a French-style garden formerly belonged to the Raczyński family, is one of the most precious jewels in Wielkopolska. The park surrounding the palace prides itself with oak trees out of which as many as 954 were designated as natural monuments – among them, the most notable ones are "Lech",

"Czech", and "Rus". The splendid castle in Kórnik, built in the English Gothic style with an old arboretum next to the Romantic park, is considered one of the most beautiful in Poland. Of course the list of castles and palaces of Wielkopolska does not contain only Rogalin and Kórnik, there are many others, which are not far beyond these. We can name for instance the Renaissance building in Gołuchów, which from an architectural standpoint is very similar to the castles on the Loire; the late-Baroque palace in Rydzyna; a small larch-wood hunting palace of the Radziwiłł family in Antonin; and the classical palace in Śmiełow linked with Adam Mickiewicz.

The Konin district will surprise you by an attraction of a different type. On the right side of the Ślesin-to-Kleczew road, a monstrous crater of the surface lignite strip mine is visible, which is several tens of metres deep and several kilometres long. Licheń Stary, near Konin, has been famous since long ago as a pilgrimage destination with the wonder picture of Our Lady of Licheń. Lately it has gained even more popularity, especially thanks to the controversial basilica built with such great pomp that today it is the biggest church in Poland and the eleventh largest in the world.

Kalisz, the second biggest town of Great Poland, boasts the oldest written genealogy in Poland. In the year 150, Ptolemy, the geographer from Alexandria, located on the map a settlement called Calisia, situated on the Amber Route. At the turn of the 18th century the surroundings of Leszno, which is situated west of Kalisz, was a location of creative activity of Pompeo Ferrari, a significant Italian architect who designed and rebuilt many buildings. In Rydzyna, at the residential palace of the Leszczyński family, using an Italian style he linked this palace-and-park complex with the town. He helped, when restoring the burnt church of St. Nicholas in Leszno. He also designed the central nave of the Cistercian monastery in Ląd. However, it is the dome of the central part of the monastery church in Gostyn which is considered to be the best performance of Ferrari, with its 17-metre diameter, the biggest in Poland.

In Großpolen wurden die Anfangsgründe der polnischen Staatssouveränität geschaffen – manche Plätze in diesem Landsgebiet erinnern an die Zeiten der ersten Piasten. Jedoch viel früher, denn schon im VIII. Jahrhundert v. Chr., blühte in Biskupin eine Siedlung der Lausitzer Kultur, die zu den interessantesten archäologischen Freilichtmuseen in Europa zählt.

Die erste Hauptstadt des polnischen Staates war Gnesen (Gniezno). Das wertvollste Denkmal in dieser Stadt ist die Kathedrale aus dem X. Jahrhundert, in welcher fast vier Jahrhunderte lang die polnischen Herrscher gekrönt wurden. Besonders die Tür zieht ihre Aufmerksamkeit auf sich (Drzwi Gnieźnieńskie) – ein Kleinod der romanischen Kunst, wo auf Flachreliefen die Szenen aus dem Leben und der Märtyrertod von St. Wojciech dargestellt sind. Die Anfänge des polnischen Staates gibt auch der Piastenweg wider, an dem sich außer Gnesen auch Ostrów Lednicki befindet, wo schon im VII. Jahrhundert eine urpolnische Siedlung, der spätere Sitz von Mieszko I., existierte, sowie Kruszwica, eine Burg des Stammes Goplanie, die schon in der Chronik von Gall Anonim erwähnt wurde. Nach der Legende ist Fürst Popiel II. dort von Mäusen aufgefressen worden; in Wirklichkeit hat das Geschlecht Myszki die Regierung übernommen.

Posen (Poznań), die gegenwärtige Hauptstadt von Großpolen, spielte in der Zeit von Mieszko I. neben Gnesen die Funktion einer Hauptstadtburg. Heute ist es ein bedeutendes Handelszentrum des Landes und das zweite Bankwesenzentrum nach Warschau – vermutlich dank der angeborenen Wirtschaftlichkeit, Arbeitsamkeit und Sparkunst der Posener. Diese Eigenschaften werden eigentlich allen Bewohnern von Großpolen zugeschrieben. Auf dem Posener Altmarkt, von farbigen Fassaden der Bürgerhäuser umgeben, dominiert das Rathaus im Renaissance-Stil, eines der schönsten in Europa. Auf dem Uhrenturm zeigen sich jeden Tag zwölfmal sich stoßende Böckchen.

In Rogalin an Posen befindet sich ein rokoko-klassizistischer Palast, der einst der Familie Raczyński gehörte. Er ist mit einem Garten im französischen Stil geschmückt und gehört zu den herrlichsten in Großpolen. Der ihn umgebende Landschaftspark macht sich die Ehre durch eine Anhäufung von Rogaliner Eichen, von

denen sogar 954 als Naturdenkmäler anerkannt sind – unter ihnen sind besonders sog. Lech, Czech und Rus beachtenswert. Das ebenso prachtvolle Schloss in Kórnik, im Stil englischer Gotik erbaut, hat im romantischen Park ein altes Arboretum, das zu den schönsten in Polen zählt. Die Liste der Schlösser und Paläste in Polen endet natürlich nicht in Rogalin und Kórnik – es gibt andere, die ihren Platz nicht räumen: der Renaissance-Bau in Gołuchów, architektonisch den Schlössern an der Loire ähnlich, der spätbarocke Palast in Rydzyn, das Lärchenholz-Jagdschloss der Familie Radziwiłł in Antonin oder auch der klassizistische Palast in Śmiełów, der mit dem Dichter Adam Mickiewicz verbunden ist.

Das Koniner Land überrascht mit einer andersartigen Attraktion. Von der Straße Ślesin-Kleczew aus sieht man den monströsen Krater des Braunkohletageabbaus, der einige zehn Meter tief und einige Kilometer lang ist. Licheń Stary, nahe von Konin, ist seit langem als Ziel von Pilgerfahrten zum Wunderbild der Lichener Gottesmutter bekannt.

In der letzten Zeit gewann es noch am Ruhm dank der Basilika, die so groß ist, dass sie zur Zeit die größte Kirche in Polen und die elftgrößte in der Welt ist.

Kalisz, die zweitgrößte Stadt von Großpolen, lässt sich bereits in der ältesten schriftlichen Urkunde in Polen entdecken – im Jahre 150 v. Chr. hat der Geograph Ptolomäus von Alessandria in einer Landkarte die Siedlung Kalissia erwähnt, die auf dem Bernsteinweg lag. Die Umgebung von Leszno, westlich von Kalisz, wurde um die Wende des XVII. und XVIII. Jahrhunderts zum Gebiet des Schaffens von Pompeius Ferrari, eines hervorragenden italienischen Architekten, der viele Bauten entworfen oder umgebaut hat. In Rydzyna, in der Residenz der Familie Leszczyński, hat er auf italienische Weise den Palast-Park-Komplex mit der Stadt verbunden. Er hat auch bei dem Aufbau der nach dem Brand vernichteten St. Nikolaus Kirche in Leszno geholfen und in dem Kloster der Zisterzienser in Ląd hat er das Mittelschiff projektiert. Als seine Spitzenleistung jedoch wird die Kuppel anerkannt; sie krönt den zentralen Teil der Klosterkirche in Gostyń, hat siebzehn Meter Durchmesser und ist die größte in Polen.

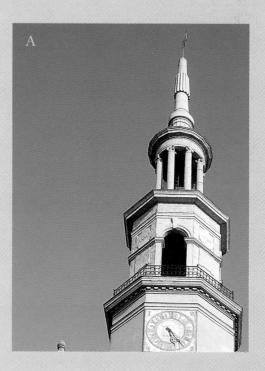

Poznań – wieża ratuszowa (A), kościół farny (B)
Poznań – the Town Hall tower (A), the parish church (B)
Posen – Rathausturm (A), Pfarrkirche (B)

Katedra w Gnieźnie
The cathedral in Gniezno
Die Kathedrale in Gnesen

Starówka w Kaliszu
The Old Town in Kalisz
Die Altstadt in Kalisz

Toruń – widok z wieży ratusza (A), Krzywa Wieża (B)
Toruń – a view from the Town Hall tower (A), Crooked Tower (Krzywa Wieża) (B)
Toruń – Aussicht vom Rathausturm (A), Krzywa Wieża (Schiefer Turm) (B)

Bydgoszcz – kościół śś. Marcina i Mikołaja (A),
nad Brdą (B)
Bydgoszcz – the Church of St. Martin
and St. Nicolaus (A), on Brda River (B)
Bydgoszcz – St. Martin- und Nikolaus-Kirche (A),
am Fluss Brda (B)

Katedra we Włocławku
The cathedral in Włocławek
Die Kathedrale in Włocławek

Tężnia w Ciechocinku
A graduation tower in Ciechocinek
Das Gradierwerk in Ciechocinek

Pałacyk myśliwski Radziwiłłów w Antoninie
The Radziwiłł hunting lodge in Antonin
Das Jagdschloss der Familie Radziwiłł in Antonin

Zamek w Gołuchowie
The castle in Gołuchów
Der Palast in Gołuchów

Pałac biskupów poznańskich w Ciążniu
The palace of the Poznań bishops in Ciążeń
Ciążeń. Der Palast der Bischöfe in Posen

Pałac w Dąbrówce Wielkopolskiej
The palace in Dąbrówka Wielkopolska
Der Palast in Dąbrówka Wielkopolska

Pałac w Winnej Górze
The palace in Winna Góra
Der Palast in Winna Góra

Zamek w Kórniku
The castle in Kórnik
Das Schloss in Kórnik

Park Narodowy „Ujście Warty" w okolicach Słońska
The Ujście Warty National Park near Słońsk village
Das Naturschutzgebiet „Ujście Warty" in Gegend von Słońsk

Dęby Rogalińskie
Oak-trees in Rogalin
Die Eichen von Rogalin

Panorama Łagowskiego Parku Krajobrazowego z zamku w Łagowie
The panorama of Łagowski Scenic Park from the castle in Łagów
Das Panorama des Łagower-Landschaftsparks vom Schloss in Łagów

Jezioro Gopło
The Gopło Lake
Der Gopło-See

W dolinie Warty
In the Warta valley
Im Warta-Tal

Mazowieckie wierzby
Mazovian willows
Die Weiden von Masowien

Mazowsze

Mazowsze
Mazovia
Masovien

Kraina, gdzie urodził się słynny Polak, Fryderyk Chopin, przywodzi na myśl sielskie krajobrazy – na nizinnych terenach przeważają bezkresne łąki i pola uprawne, poprzecinane miedzami lub polnymi drogami, przy których stoją rosochate wierzby. Gleby są tutaj głównie piaszczyste, toteż niewielkie obszary kilku kompleksów leśnych zdominowały bory sosnowe; są też skrawki, gdzie można spotkać dąb, grab, brzozę czy osikę, a w dolinach rzek rosną bujne łęgi wierzbowo-topolowe oraz, nieco dalej od koryta, łęgi jesionowo-wiązowe. Te pozostałości przepastnych puszcz, które w średniowieczu porastały prawie cały region, są również mieszkaniem kilku gatunków rzadkich zwierząt, m.in. łosia, rysia, borsuka, a także żurawia, bociana czarnego czy błotniaka stawowego. Puszcza Kampinoska, zielone płuca stolicy, od 1959 roku stanowi teren Kampinoskiego Parku Narodowego, mającego na celu ochronę unikalnego zespołu wydm śródlądowych oraz naturalnych zbiorowisk roślinnych. Inne fragmenty średniowiecznych puszcz stanowią obecnie tereny sześciu parków krajobrazowych.

Centralną część Mazowsza zajmuje Warszawa – miejsce o odmiennym charakterze, najbardziej dynamicznie rozwijające się miasto w Polsce i jedno z najbardziej uprzemysłowionych. Stolica naszego kraju już stała się miastem europejskiego formatu, chociaż, gdy widzi się powstające z roku na rok ogromne szklane domy, wyrastające u boku niegdysiejszego konkurenta nie do pobicia, Pałacu Kultury i Nauki, ma się wrażenie, że apetyt na pretendowanie do bycia ośrodkiem wielkim i nowoczesnym jest nienasycony. W nowej rzeczywistości odchodzą w zapomnienie relikty socrealistycznej architektury, dla jednych dumne ślady narodowego zrywu, dla innych szpecące miasto toporne budowle. Na szczęście w tym pędzie do wielkości z pietyzmem i szacunkiem traktuje się perełki najchlubniejszej przeszłości – ich resztki warszawiacy podźwignęli z upadku, po tym jak hitlerowski okupant zarządził wysadzenie każdej kamienicy, każdego domu, by nie pozostał kamień na kamieniu. Dlatego dziś oglądać można Starówkę i Zamek Królewski, tak jak wyglądały przed wojną, Łazienki i Wilanów czy rozsiane po całym mieście bezcenne pałace i kościoły. A wystarczy przejść się Krakowskim Przedmieściem albo Nowym Światem, by się przekonać, że Warszawa potrafi być także miastem eleganckim i interesującym..

Na południe od Warszawy rozciągają się równiny, gdzie żyzne gleby i sprzyjający klimat stworzyły warunki do powstania i rozwoju jednego z największych owocowych rajów w Polsce, a także znanego uzdrowiska Konstancin-Jeziorna.

Żelazowa Wola jest maleńką wioską, na tyle jednak słynną, że rokrocznie odwiedzają ją ogromne rzesze miłośników muzyki fortepianowej. Tutaj w 1810 roku urodził się Fryderyk Chopin, jego dom rodzinny to obecnie muzeum biograficzne, w którym zgromadzono portrety kompozytora i jego rodziny oraz meble z tamtej epoki.

Do bezcennych klejnotów Mazowsza należą niewątpliwie Nieborów i Arkadia, w XVIII wieku własność Michała i Heleny Radziwiłłów, wielkich mecenasów sztuki, którzy stworzyli tutaj romantyczny kompleks pałacowo-parkowy. Wokół malowniczego stawu, wśród tysięcy rosnących w pozornym bezładzie drzew i krzewów kryją się stylizowane budynki oraz liczne detale architektoniczne, m. in. rzeźby nawiązujące do kultury antycznej. W bliskim sąsiedztwie leży Łowicz, wyróżniający się jednym z najcenniejszych na Mazowszu zabytkowych zespołów urbanistycznych. W łowickim muzeum zgromadzono przydrożne kapliczki i wspaniałą kolekcję ludowych strojów i wycinanek. Ale nie tylko Łowicz słynie z folkloru. Bogatą kulturę Kurpiów na północy regionu – barwne stroje, wozy, tradycyjne wyroby rękodzielnicze – można podziwiać nie tylko w muzeach i skansenach, ale także na wsiach podczas różnych uroczystości oraz w dni świąteczne.

Łódź leży właściwie na pograniczu Mazowsza i Wielkopolski i jest postrzegana jako największy w kraju ośrodek przemysłu włókienniczego. Jednak okres prosperity, którą opisał na przykład Władysław Reymont w *Ziemi Obiecanej*, ma już za sobą. Spuścizną tego okresu są m. in. piękne kamienice lub zespoły fabryczno-rezydencjonalne, należące niegdyś w większości do niemieckich i żydowskich przedsiębiorców. Do najbardziej znaczących należy rezydencja Księży Młyn, z jedną z największych w ubiegłym stuleciu przędzalni na terenie Europy, stanowiąca na przełomie XIX i XX wieku własność „króla bawełny" Karola Scheiblera. Wiele imponujących kamienic wznosi się wzdłuż ulicy Piotrkowskiej, uchodzącej za najdłuższą w Polsce. Jest ona także swoistym centrum życia rozrywkowego i kulturalnego, pełno tu wytwornych restauracji, gwarnych pubów, ekskluzywnych sklepów i ulicznych występów.

Dworek-Muzeum Chopina w Żelazowej Woli
The Chopin's residence-museum in Żelazowa Wola
Das Chopin-Landhaus-Museum in Żelazowa Wola

This region, where the famous Pole Frederic Chopin was born, evokes thoughts about rural nature. In the lowlands prevail vast grasslands and farms cut by lanes of broad willows. The soil consists primarily of sand, which is the reason the forests are dominated by pine trees. Other trees to be seen here are oaks, hornbeams, birches and aspen. Willows and poplars grow in river valleys and somewhat further from the river banks there are ashes and elms. These remains of deep primeval forests, which used to grow all over the region in the Middle Ages, are also the dwelling grounds of some rare animal species such as the moose, lynx, badger, crane, black stork, and the moor buzzard. The Kampinoska Primeval Forest, often called the green lungs of the Polish capital, was declared a national park in the year 1959. The park's primary role is to protect its unique set of inland dunes and natural plant communities. Other parts of the primeval forests now consist of six scenic parks. Occupying the central part of Mazovia, Warsaw is a city of a unique character and the fastest developing city in Poland, and also the furthest industrialized. The capital city of our country has already become an important European city, but as one watches the ever-growing huge glass buildings, which are constructed next to the formerly unbeatable competitor, the Palace of Culture and Science, one gets the impression that the appetite to be a huge and modern center is insatiable. In this new era we are likely to forget that this city used to be an architectural achievement of the socialist realism, considered by some as a proud feature of national growth, and by others as coarse constructions deteriorating the city character. Luckily, the real architectural treasures are well-preserved even in this rush for greatness and the real pearls of the past are protected with reverence and consideration, the residuals of which were raised from decay by inhabitants of Warsaw after the period when the fascist occupant made orders to blow away every house and construction in order to destroy everything. Therefore today we can enjoy the Old Town and the Royal Castle in the same condition as they looked before the war, Łazienki Park and Wilanów and precious palaces and churches, the ruins of which were to be found all over the town. Just take a walk in the Krakowskie Przedmieście or Nowy Świat and you will realise that Warsaw can be really elegant and interesting aside from its moderni-

ty. South of Warsaw lies a plain where fertile soil and optimal climate enabled the existence and development of one of the biggest fruit paradises in Poland and where the well-know Konstancin-Jeziorna spa is to be found.

Żelazowa Wola is a tiny but famous village which is visited by thousands of piano music enthusiasts every year. It was here that Frederic Chopin was born in the year 1810. His native house is today a biographical museum, where portraits of him and his family as well as historic furniture can be seen.

Among other jewels of Mazovia rank certainly Nieborów and Arkadia, owned in the 18th century by Michał and Helena Radziwiłł, great patrons of art who created a romantic palace/park complex. Many architectonic details such as classical statues are hidden among thousands of trees and bushes, growing in apparent chaos around the beautiful pond in this park. Łowicz is located in the nearby neighborhood, distinguished by one of the most valuable urban sights in Mazovia. Chapels, which once stood by roads, are gathered in the Łowicz Museum, together with a splendid collection of traditional folk wear and patterned cut-paper art. But not only Łowicz is known for its folklore. Rich cultural items of the Kurpie people in the north of this region – colored costumes, carts, traditional handmade products – can be admired not only in various indoor and outdoor museums, but also in the countryside during feasts and festive days.

Łódź lies on the border between Mazovia and Great Poland and it is known as the biggest centre of the textile industry. However, the period of prosperity described, among others, by Władysław Reymont in his novel *Promised Land* is rather a part of history than reality. The heritage from this period includes for instance wonderful blocks of flats or factories and residences, which once belonged to German and Jewish businessmen. One of the most important residences is Księży Młyn, one of the biggest laundries of the past century in Europe. At the end of the 19th and in the beginning of the 20th century it belonged to „the king of cotton", Karol Scheibler. Many impressive blocks of flats run along Piotrowska Street, which is said to be the longest street in Poland. It is also an impressive centre of entertainment and social life with numeus elegant restaurants, noisy pubs, exclusive shops and street shows.

Das Landgebiet, in dem der berühmte Pole Fryderyk Chopin geboren wurde, erinnert an Bauernlandschaften – in den Talgebieten überwiegen endlose Wiesen und Felder, die von Feldrainen oder Feldwegen durchzogen sind, an denen gabelförmige Weiden stehen. Es überwiegen hier Sandböden, weswegen auch kleinere Flächen einiger Waldkomplexe von Kiefernurwäldern beherrscht werden. Es gibt auch Landstriche, wo man Eichen, Hainbuchen, Birken oder Espen antreffen kann. In den Flusstälern stößt man auf üppige nasse Weiden-Pappel-Wiesen, etwas weiter vom Flussbett dann auf Eschen-Ulme-Wiesen. Diese Überreste der tiefen Urwälder, die im Mittelalter fast das ganze Gebiet bewuchsen, bilden das Heim einiger seltener Gattungen, u. a. des Elentieres, Luchses, Dachses, sowie des Kranichs, schwarzen Storches oder des Sumpfgeiers. Der Kampinoski-Urwald, die grüne Lunge der Hauptstadt, bildet seit 1959 das Gebiet des Kampinoski-Nationalparks, dessen Aufgabe es ist, den einzigartigen Binnenland-Dünen--Komplex und die natürliche Pflanzengemeinschaft zu schützen. Andere Fragmente der mittelalterlichen Urwälder bilden jetzt Gebiete von sechs Landschaftsparks.

Den zentralen Teil von Masowien nimmt Warschau ein – die sich am meisten entwickelnde und zugleich best industrialisierte Stadt Polens, die ein Gebiet von andersartigem Charakter bildet. Die Hauptstadt unseres Landes wurde bereits zu einer Stadt europäischen Charakters. Wenn man jedoch die alljährlich entstehenden riesigen Häuser aus Glas sieht, welche an dem ehemaligen unbesiegbaren Konkurrenten – dem Palast der Kultur und Wissenschaft – emporwachsen, hat man den Eindruck, dass der Wille, ein großes und modernes Zentrum zu werden, unersättlich ist. In der neuen Wirklichkeit geraten die Relikte der sozialistischen Architektur in Vergessenheit – für einige Leute die stolzen Spuren des Nationalemporfluges, für andere unförmliche, verunstaltete Bauten. Trotz dieses Drangs zur Größe behandelt man die Perlen der ehrenvollen Vergangenheit glücklicherweise mit Pietät und Achtung –ihre Reste haben die Warschauer Bürger vor dem Verfall gerettet, nachdem der Hitlerokkupant angeordnet hat, jedes Haus zu sprengen, damit kein Stein auf dem anderen bleibt. Deswegen kann man heute die Altstadt, das Königsschloss, Łazienki-Palast oder Wilanów so besichtigen, wie sie vor dem Kriege aussahen. Es genügt nur, durch die Strassen Krakowskie Przedmieście oder Nowy Świat einen Spaziergang zu machen, um sich zu überzeugen, dass Warschau auch eine elegante und interessante Stadt sein kann.

Südlich von Warschau erstrecken sich Flachebenen, wo die fruchtbaren Böden und das günstige Klima Bedingungen für die Entstehung und Entwicklung eines der größten Früchteparadiese in Polen und auch des berühmten Kurortes Konstancin-Jeziorna geschaffen haben.

Żelazowa Wola ist ein kleines Dorf, jedoch so berühmt, dass es alljährlich von unzählbaren Klaviermusikliebhaber besucht wird. Hier wurde im Jahre 1810 Fryderyk Chopin geboren. Sein Familienhaus wurde gegenwärtig zum biographischen Museum umgewandelt, in welchem man Bilder des Komponisten und seiner Familie, sowie Möbel aus dieser Zeit gesammelt hat.

Zu den Kleinoden Masowiens von unschätzbarem Wert gehören zweifellos Nieborów und Arkadia, im XVIII. Jahrhundert das Eigentum von Michał und Helena Radziwiłł, den großen Mazänen der Kunst, die hier einen romantischen Schloss-Park-Komplex geschaffen haben. Um den malerischen Teich, inmitten von Tausenden von Sträuchern und Bäumen, die in scheinbarer Unordnung wachsen, verstecken sich stilisierte Bauten und zahlreiche architektonische Details, u. a. Skulpturen, die an die antike Kultur anknüpfen. In der nahen Nachbarschaft liegt Łowicz, das sich durch einen der wertvollsten altertümlichen städtebaulichen Komplexe in Masowien auszeichnet. Im Łowiczer Museum hat man die am Wege stehenden Kapellen und eine herrliche Sammlung von Volkstrachten und Ausschneidebildern zusammengestellt. Aber nicht nur Łowicz ist durch die Volkskunst berühmt. Die reiche Kultur der Kurpien im Norden des Gebietes – farbige Trachten, Wagen, traditionelle handwerkliche Erzeugnisse – kann man nicht nur in den Museen und Freilichtmuseen bewundern, sondern auch auf verschiedenen Festen und an den Feiertagen in den Dörfern.

Die Stadt Łódź liegt eigentlich an der Grenze von Masowien und Großpolen und wird als das im Lande größte Zentrum der Textilindustrie anerkannt. Die Blütezeit jedoch, welche beispielsweise der Schriftsteller Władysław Reymont in seinem Roman „Ziemia obiecana" beschrieb, ist schon vorbei. Das Erbe dieser Zeit bilden u. a. schöne Bürgerhäuser oder die betriebs-residentiellen Komplexe, welche ehemals meist den deutschen und jüdischen Unternehmern gehörten. Zu den bedeutungsvollsten gehört die Residenz Księży Młyn zusammen mit einer Spinnerei, die im vorigen Jahrhundert zu den größten in Europa gehörte und die um die Wende des XIX. und XX. Jahrhunderts der „Baumwollkönig" Karl Scheibler besaß. Viele imposante Bürgerhäuser erheben sich entlang der Straße Piotrkowska, die angeblich die längste in Polen ist. Sie ist zugleich ein eigenartiges Zentrum des Vergnügungs- und Kulturlebens. Man trifft hier auf viele vornehme Restaurants, laute Pubs, exklusive Geschäfte und Straßenvorstellungen.

Warszawa
Warsaw
Warschau

84

Syrenka na rynku Starego Miasta w Warszawie
The Warsaw Mermaid on the square of the Old Town
Die Sirene auf dem Altstädter Markt in Warschau

Warszawa – panorama zza Wisły (A),
        Zamek Królewski (B),
        Pałac na Wodzie w Łazienkach (C),
        pałac w Wilanowie (D)
Warsaw   – the panorama from the far bank of the Vistula (A),
        the Royal Castle (B),
        the Palace on the Water in Łazienki Park (C),
        the palace in Wilanów (D)
Warschau – Das Panorama von jenseits der Weichsel (A),
        Das Königsschloss (B),
        Der Palast auf dem Wasser in Łazienki (C),
        Der Palast in Wilanów (D)

C

D

Secesyjna kamienica przy ulicy Piotrkowskiej w Łodzi
A Secession house on the Piotrkowska Street in Łódź
Das Sezessionsbürgerhaus in der Piotrkowska Straße in Łódź

Katedra na Wzgórzu Tumskim w Płocku
The cathedral on Tumskie Hill in Płock
Die Kathedrale auf der Tumskie-Anhöhe in Płock

Zamek w Pułtusku
The castle in Pułtusk
Das Schloss in Pułtusk

Park romantyczny w Arkadii
A romantic park in Arkadia
Der romantische Park in Arkadia

Pałac w Nieborowie
The palace in Nieborów
Der Palast in Nieborów

Dwór-Muzeum Jana Kochanowskiego w Czarnolesie
The residence-museum of Jan Kochanowski in Czarnolas
Das Jan-Kochanowski-Landhaus-Museum in Czarnolas

Pałac w Jabłonnej
The palace in Jabłonna
Der Palast in Jabłonna

Ruiny zamku w Czersku
Ruins of the castle in Czersk
Die Schlossruinen in Czersk

Rezurekcja w Łowiczu
An Easter-Sunday morning service in Łowicz
Die Auferstehung in Łowicz

Niedziela Palmowa we wsi Łyse na Kurpiach
Palm Sunday in the Łyse village in Kurpie region
Palmsonntag im Dorf Łyse in Kurpie

Mazowiecka zagroda w Złakowie Borowym
A Mazovien farmhouse in Złaków Borowy
Ein masowischer Bauernhof in Złaków Borowy

Nadbużański Park Krajobrazowy
The Nadbużański Scenic Park
Der Bugland-Landschaftspark

94

Kampinoski Park Narodowy
– łąki koło wsi Kępiaste (A),
   rezerwat Sieraków (B)
The Kampinoski National Park
– meadows at the Kępiaste village (A),
   Sieraków Reservation (B)
Der Kampinoski-Nationalpark
– Wiesen um das Dorf Kępiaste (A),
   Naturschutzgebiet Sieraków (B)

Świt na Mazowszu
A dawn in Mazovia
Der Tagesanbruch in Masowien

Kaplica cerkiewna w Jabłecznej
An Orthodox chapel in Jabłeczna
Die russisch-orthodoxe Kapelle in Jabłeczna

Podlasie i Polesie

Podlasie i Polesie
Podlasie and Polesie
Podlasie und Polesie

Niezmącona pędem cywilizacji przyroda to główne bogactwo Podlasia, słabo rozwiniętej gospodarczo krainy, o niewielkiej gęstości zaludnienia. Chroniona w kilku parkach narodowych i rezerwatach, do tej pory zachowała obszary właściwie nietknięte ręką człowieka. Niezwykłą wartość Białowieskiego Parku Narodowego doceniło UNESCO, wpisując go na listę rezerwatów biosfery oraz Listę Światowego Dziedzictwa Kulturalnego i Przyrodniczego. Park obejmuje Puszczę Białowieską, fragmentami zupełnie pierwotną i nienaruszoną – jedyny w Europie kompleks leśny o tak dużych rozmiarach i z takim bogactwem flory i fauny. Część parku można zwiedzać wyłącznie z przewodnikiem, a największą atrakcją jest oczywiście żubr – symbol parku i największy obecnie ssak europejski, którego można oglądać w rezerwacie pokazowym. Największy w Polsce Biebrzański Park Narodowy, będący ostoją łosia, obejmuje rozlewiska i dorzecza Biebrzy, bagna i torfowiska, na których występuje niezliczona wprost ilość ptaków – ich miłośnicy przyjeżdżają na obserwacje prawie z całej Europy. Do zwiedzania udostępniony jest między innymi rezerwat ścisły „Czerwone Bagno" – przemieszczanie się po jego szlakach jest możliwe dzięki drewnianym kładkom i pomostom.

Z niezbyt licznych zabytków Podlasia warto wymienić: późnobarokowy zespół parkowo-pałacowy w Białymstoku, zwany Wersalem Podlasia, barokowy kościół św. Trójcy zajmujący całą pierzeję rynku w Tykocinie, barokowy, otoczony parkiem pałac w Choroszczy (letnia rezydencja Branickich) oraz późnogotycki kościół katedralny św. Michała Archanioła i Św. Jana Chrzciciela w Łomży.

Na Podlasiu stykają się różne kultury i religie, zupełnie nieraz odmienne. Mieszkają tu wyznawcy katolicyzmu, prawosławia i islamu, narody: polski, litewski, białoruski oraz tatarski. Dzięki temu w Kruszynianach i Bohonikach można oglądać meczety wniesione przez Tatarów, którym Jan III Sobieski nadał te wsie w 1679 roku, za udział po stronie polskiej w walkach z Turkami. Ich potomkowie mieszkają tu do dziś, ale na tyle wtopili się w miejscową ludność, że niełatwo ich rozpoznać. Na górze Grabarka, niedaleko wsi o tej samej nazwie, wznosi się najważniejsze sanktuarium prawosławne w Polsce, a zarazem główny ośrodek pielgrzymkowy, zwany nieraz„ Częstochową prawosławia". W Hajnówce, „bramie" Białowieskiego Parku Narodowego, znajduje się największa w kraju współczesna cerkiew pod wezwaniem Świętej Trójcy, uważana ponoć za jedną z najciekawszych sakralnych budowli na świecie.

Spokojne i zaciszne, a przy tym malowniczo pofałdowane lessowe obszary ciągną się dalej na południe. Na Lubelszczyźnie i Polesiu nie ma wielu dużych ośrodków miejskich – największym jest Lublin, trochę niedoceniany, a przecież szczycący się niejednym pięknym zabytkiem. Samo Stare Miasto, do którego wchodzi się przez gotycko-barokową Bramę Krakowską, może pochwalić się wieloma przytulnymi zaułkami. Poza centrum uwagę przykuwa neogotycka fasada zamku – na jego dziedzińcu wznosi się kaplica Świętej Trójcy, będąca najcenniejszym zabytkiem Lublina. W 1418 roku w jej wnętrzu malarze ruscy na zamówienie Władysława Jagiełły wykonali przepiękną barwną polichromię.

Duch renesansu w najczystszej postaci unosi się nad Zamościem, zaprojektowanym w drugiej połowie XVI wieku przez genialnego włoskiego architekta Bernardo Morando na zamówienie potężnego magnata i hetmana wielkiego koronnego Jana Zamoyskiego, założyciela i właściciela miasta. Zespół urbanistyczno-architektoniczny wzniesiono od podstaw na planie pięcioboku i nadano mu układ szachownicowy. Jest on sam w sobie na tyle unikatowy, że w 1992 roku UNESCO umieściło go na Liście Światowego Dziedzictwa Kulturalnego i Przyrodniczego; każda jego budowla stanowi zabytek najwyższej klasy. Dominuje oczywiście renesans. Centralną i najważniejszą częścią jest Rynek Wielki, otoczony dwupiętrowymi kamienicami budowanymi według jednolitego wzorca – ich kolorowe fasady udekorowane są fryzami i ornamentami, nawiązującymi niejednokrotnie do sztuki orientalnej. Nad rynkiem, dzięki strzelistej wieży z zegarem, góruje ratusz, którego front zdobią monumentalne wachlarzowe schody.

Krzyże wotywne i cerkiew na Wzgórzu Pokutników w Grabarce
Votive crosses and the Orthodox church on Penitent Hill in Grabarka
Votivkreuze und die russisch-orthodoxe Kirche auf den Anhöhe der Büßer in Grabarka

The intact nature, uninfluenced by civilisation, presents the greatest wealth of Podlasie, this weakly developed area with a small population density. It is protected in several national parks and reserves, and until now it has preserved the area from the touch of man's hand. The extraordinary value of the Białowieża National Park was recognized by UNESCO and entered in the list of biosphere reserves and also the world heritage list. The park contains Białowieża Primeval Forest, the intact old growth and, in parts, primeval forest. This is the only forest of such large size and with such extraordinary wealth of flora and fauna in all of Europe. Only part of the park can be visited, and only with a guide. The greatest attraction is of course the aurochs – the symbol of the park and the biggest European mammals, which can be observed in the display reserve.

The largest in Poland is Biebrzański National Park, an elk refuge, and it contains wetlands and affluents to the Biebrza River, peatbogs and swamps, where a multitude of different birds can be seen, their lovers coming from almost all of Europe. Among others, visitors can also go to the Red Swamp Reserve, where the tourist can walk through thanks to wooden footpaths and bridges.

Among the few historical sights in Podlasie, we shall mention: the late-Baroque palace/park complex in Białystok called the Versailles of Podlasie, the Baroque church of St. Trinity making the whole front of the town square in Tykocin, the Baroque palace with a park in Choroszcze (the summer residence of the Branicki family) and late-Gothic cathedral of St. Michael Archangel and St.John the Baptist in Łomża.

Various cultures and religions have met in Podlasie, sometimes very different. There live Catholic, Orthodox and Islam followers of various nationalities: Polish, Lithuanian, Byelorussian, and Tartar. Thanks to this fact, in Kruszyniany and Bohoniki we can see mosques built by Tartars, to whom these villages were granted in 1679 by Jan III Sobieski for fighting on the Poles" side in battles against Turks. Their descendants live here up to this day, however, they have mixed with other inhabitants and they are not easily recognized. On Grabarka Mountain, near a village of the same name, stands the most important Orthodox church in Poland, and moreover a pilgrimage center called "the Częstochowa of the Orthodox Church." In Hajnówka, "the gate" to Białowieża National Park, there is the largest contemporary Orthodox church, under the patronage of St. Trinity; it is regarded as one of the most interesting sacral buildings in the world.

The calm and undulating loess areas stretch further to the south. There are not many cities in the Lublin region and the Polesie region – Lublin is the biggest city. It is underestimated to some extend, still there are numerous beautiful sights there. The Old Town itself, to which one goes through the Gothic-Baroque Cracow Gate (Brama Krakowska), has many cosy lanes. Outside the city centre, the Neogothic facade of the castle is the main focus of attention. The Holy Trinity Chapel, which is situated in the courtyard of the castle, is the most precious building in Lublin. In 1418, inside the chapel, Russian painters made beautiful polychromy to Władysław Jagiełło's order.

The spirit of Renaissance is still present in Zamość, designed in the second part of 16th century by a famous genious Italian architect Bernardo Morando to the order of Jan Zamoyski, magnate and crown hetman of Poland, the founder and owner of Zamość. The urban complex was built on the pentagon pattern and has a chessboard structure. It is so unique that in 1992 UNESCO placed it on The World Cultural and Nature Heritage List. Each building is a world class sight. Obviously, the dominant style is Renaissance. The central and the most important part is The Great Market (Rynek Wielki), surrounded by two-storeyed tenants houses, built according to one pattern — their colourful facades are decorated with ornaments which bring to mind Oriental art. The Town Hall with its soaring tower clock towers over the marketplace, the Town Hall's front fanlike stairs are its great asset.

Die vom Zivilisationsschwung ungestörte Natur ist der wichtigste Reichtum von Podlasie dieses wirtschaftlich wenig entwickelten Gebietes, das eine niedrige Bevölkerungsdichte hat. Durch die Ernennung zu Nationalparks und Naturschutzgebieten werden hier Gebiete bewahrt, die von Menschenhand unberührt bleiben. Der ungewöhnliche Wert des Białowieski-Nationalpark wurde von UNESCO geschätzt, indem er auf die Liste der Biosphäre-Naturschutzgebiete und die Liste der Welterbschaft eingetragen wurde. Der Park umfasst den teilweise ganz ursprünglich und unberührten Białowieska-Urwald, den einzigen Waldkomplex in Europa von solch gigantischer Größe und mit einem ebenso außergewöhnlichen Reichtum an Flora und Fauna. Einen Teil des Parks kann man ausschließlich mit einem Führer besichtigen. Die größte Attraktion ist selbstverständlich der Wisent – das Symbol des Parks und zur Zeit das größte Säugetier Europas, das man im Schaunaturschutzgebiet mit ein wenig Glück erspähen kann. Der größte Nationalpark in Polen, der Biebrzański-Nationalpark ist ein Zufluchtsort für das Elentier und umfasst die Hochwasser- und Flussgebiete von Biebrza, sowie Sümpfe und Torfmoore, auf denen eine unzählbare Menge von Vögeln lebt. Ihre Liebhaber kommen aus fast ganz Europa, um sie zu beobachten. Zu Beobachtungszwecken machte man unter anderen das Naturschutzgebiet „Czerwone Bagno" (Rotsumpf) zugänglich – das Wandern auf seinen Wegen ist nur dank hölzerner Bretter und Brücken möglich.

Von den wenigen Denkmälern in Podlasie sind der spätbarocke Schloss-Parkkomplex in Białystok, „Versaille von Podlasie" benannt, die barocke Kirche der hl. Dreifaltigkeit, die die gesamte Straßenfront des Marktes in Tykocin einnimmt, der barocke, von einem Park umgebene Palast in Choroszcza (die Sommerresidenz der Branickis) und die spätgotische Kathedralkirche St. Erzengel Michaels und Johannes des Täufers in Łomża zu erwähnen.

In Podlasie berühren sich verschiedene Kulturen und Religionen. Bekenner des Katholizismus, der griechisch-orthodoxen Kirche oder des Islams sowie polnische, litauische, belorussische oder tatarische Menschen leben hier zusammen. Dank dessen kann man in Kruszyniany und Bohoniki die von den Tataren erbauten Moscheen besichtigen. Jan III. Sobieski hat ihnen im Jahre 1679 diese Dörfer als Dank für ihre Teilnahme auf polnischer Seite an den Kämpfen mit den Türken übertragen. Ihre Nachkommen wohnen hier bis heute, doch sind sie mit der einheimischen Bevölkerung so sehr zerschmolzen, dass es nicht einfach ist, sie zu erkennen.

Auf dem Berg Grabarka, unweit des gleichnamigen Dorfes, ragt das wichtigste russisch-orthodoxe Sanktuarium in Polen und zugleich das Pilgerhauptzentrum empor, oft als „Częstochowa der russisch-orthodoxen Kirche" bezeichnet. In Hajnówka, dem Tor des Białowieski-Nationalparks, befindet sich die größte moderne russisch-orthodoxe Kirche (der hl. Dreifaltigkeit) Polens, welche als eine der interessantesten Sakralbauten der Welt gilt.

Abgeschiedene, stille Lössgebiete erstrecken sich in ihrer ganzen Farbenpracht weiter nach Süden. In Lubelszczyzna und Polesie befinden sich nur wenige größere Städte. Lublin, die größte Stadt dieser Region, scheint trotz vieler schöner Baudenkmäler wenig Beachtung zu finden. Allein die Altstadt, zu der das gotisch-barocke Krakauer Tor führt, kann sich etlicher behaglicher Ecken rühmen. Neben der Altstadt macht auch die neugotische Schlossfassade auf sich aufmerksam. Auf dem Schlosshof kann man die Kapelle der Heiligen Dreifaltigkeit, das wertvollste Baudenkmal von Lublin, bewundern. Im Jahre 1418 wurde in der Kapelle im Auftrag des polnischen Königs Władysław Jagiełło von russischen Künstlern eine wunderschöne Polychromie angefertigt.

Der Geist der Renaissance schwebt in seiner reinsten Form über die Stadt Zamość, die in der 2. Hälfte des 16. Jahrhunderts vom genialen italienischen Architekten Bernardo Morando entworfen wurde. Sein Auftraggeber war der mächtige Magnat und Feldherr Jan Zamoyski, der Gründer und Besitzer der Stadt. Der urbanistisch-architektonische Komplex von Zamość wurde von Grund auf schachbrettförmig auf der Basis eines Fünfecks errichtet. Dieser einmalige Charakter der Stadt veranlasste 1992 die UNESCO, sie als Teil des Weltkulturerbes anzuerkennen. Jedes Bauwerk in Zamość ist ein Baudenkmal von größtem Wert. Vorherrschend ist hier selbsverständlich die Renaissance. Der zentrale und wichtigste Teil der Stadt istder Große Markt, der von zweistöckigen, nach einheitlichem Muster gebauten Häusern umgeben ist. Ihre farbigen Fassaden sind mit Friesen ond Ornamenten verziert, die häufig an orientalische Kunst anknüpfen. Über den Marktplatz ragt mit seinem hohen Uhrturm das Rathaus hinaus, dessen Vorderseite eine monumentale fächerförmige Treppe schmückt.

Pałac Branickich w Białymstoku
The Branicki family palace in Białystok
Der Palast der Familie Branicki in Białystok

Tykocin nad Narwią
Tykocin on the Narew River
Tykocin am Fluss Narwia

Sanktuarium Maryjne w Kodeniu
The sanctuary Virgin Mary's in Kodeń
Das Maria-Sanktuarium in Kodeń

Zespół zamkowy w Białej Podlaskiej
The castle complex in Biała Podlaska
Der Schlosskomplex in Biała Podlaska

Drohiczyn nad Bugiem
Drohiczyn on the Bug River
Drohiczyn am Fluss Bug

Meczet w Kruszynianach
A mosque in Kruszyniany
Die Moschee in Kruszyniany

Meczet w Bohonikach
A mosque in Bohoniki
Die Moschee in Bohoniki

Wnętrze cerkwi unickiej w Kostomłotach
An interior of the Uniat Orthodox church in Kostomłoty
Das Innere der unierten russisch-orthodoxen Kirche in Kostomłoty

Cerkiew soborna w Bielsku Podlaskim
The conciliar Orthodox church in Bielsk Podlaski
Die russisch-orthodoxe Konzil-Kirche in Bielsk Podlaski

Pałac w Choroszczy
The palace in Choroszcz
Der Palast in Choroszcz

Pałac Ossolińskich w Rudce
The Ossoliński family palace in Rudka
Der Palast der Familie Ossoliński in Rudka

Skansen w Ciechanowcu
The open-air museum in Ciechanowiec
Das Freilichtmuseum in Ciechanowiec

Konie arabskie w stadninie w Janowie Podlaskim
Arabic horses in the horse-breeding farm in Janów Podlaski
Arabische Pferde in der Pferdezuchterei in Janów Podlaski

Zamek w Lublinie
The castle in Lublin
Das Schloss in Lublin

Ratusz w Zamościu
The Town Hall in Zamość
Das Rathaus in Zamość

Kaplica na wodzie w Zwierzyńcu
The chapel on the water in Zwierzyniec
Die Kapelle auf dem Wasser in Zwierzyniec

Pałac Zamoyskich w Kozłówce
The Zamoyski family palace in Kozłówka
Der Palast der Familie Zamoyski in Kozłówka

Pomnikowe dęby i kapliczki
w Górecku Kościelnym
Monumental oaks and village chapels
in Górecko Kościelne
Die Denkmaleichen und kleine Kapellen
in Górecko Kościelne

Cerkiew w Radrużu
The Orthodox church in Radruż
Die russisch-orthodoxe Kirche in Radruż

Puszcza Białowieska
Białowieża Primeval Forest
Der Białowieska-Urwald

Biebrzański Park Narodowy
The Biebrzański National Park
Der Biebrza-Nationalpark

114

Narwiański Park Narodowy
The Narwiański National Park
Der Narwia-Nationalpark

Rezerwat „Szumy nad Tanwią" w Puszczy Solskiej
Szumy nad Tanwią Reservation in the Solska Primeval Forest
Das Naturschutzgebiet „Szumy nad Tanwią" im Solska-Urwald

Park Krajobrazowy „Podlaski Przełom Bugu"
The Podlaski Bug's Ravine Scenic Park
Der Landschaftspark „Podlaski-Bug-Durchbruch"

117

Jezioro na Pojezierzu Olsztyńskim
A small lake in the Olsztyn Lake District
Kleiner See im Kreis Allenstein

Warmia i Mazury

Warmia i Mazury
Warmia and Masuria
Warmien und Mazuren

We wczesnym średniowieczu tereny dzisiejszej Warmii i Mazur były zamieszkane przez Prusów – ich nawracaniem miał się zająć zakon krzyżacki sprowadzony do Polski w 1226 roku przez Konrada Mazowieckiego. Krzyżacy otrzymali ziemię chełmińską, gdzie utworzyli swoje państwo; niedługo później podbili sąsiednią Warmię, która w 1466 roku została przyłączona do Polski. Liczne ślady po krzyżackim panowaniu są do dziś wyraźnie zauważalne – założyli oni na tych obszarach wiele miast, ich dziełem był także niejeden zamek; najciekawsze z nich znajdują się w Nidzicy, Kętrzynie, Barcianach oraz Rynie, ruiny innych można zobaczyć na przykład w Ełku, Szczytnie, Morągu lub Szesztnie. Wzrost potęgi zakonu i zajmowanie coraz to nowych terytoriów doprowadziły do wojny, a jednym z najistotniejszych jej wydarzeń była bitwa pod Grunwaldem, będąca zarazem jedną z najważniejszych bitew w historii Polski. Dziś jej miejsce upamiętnia pomnik oraz Muzeum Bitwy Grunwaldzkiej.

Niemały wpływ na historię tych ziem wywarł również Kościół, toteż budowle sakralne należą także do najcenniejszych zabytków. Uwagę zwraca zwłaszcza wspaniała katedra we Fromborku – mieście, w którym Mikołaj Kopernik napisał wiekopomne dzieło *O obrotach sfer niebieskich*. Siedzibami biskupów były wówczas częstokroć imponujące zamki – można się o tym przekonać, oglądając je m.in. w Lidzbarku Warmińskim, Reszlu czy Olsztynie, albo ruiny zamku w Szymbarku. Znacznie później, bo w XVII wieku wybudowano kościół w Świętej Lipce, będący jednym z najsłynniejszych sanktuariów maryjnych i stanowiący perłę barokowej architektury. Nie mniej interesujące są zabytki z czasów bliższych współczesności: z okresu II wojny światowej pochodzi Wilczy Szaniec, gdzie mieściła się główna kwatera Hitlera – do dziś budzą podziw żelbetowe ściany ośmiometrowej grubości oraz system podziemnych tuneli. Atrakcją jest też twierdza Boyen w Giżycku, która w czasie wojny była siedzibą organizacji wywiadowczej szkolącej szpiegów. W pobliżu Elbląga przebiega Kanał Elbląski liczący ponad sześćdziesiąt kilometrów – dla pokonania różnicy poziomów, wynoszącej sto metrów, zbudowa-

no unikatowy w skali europejskiej system pochylni. Statki umieszczane są na platformach, które jadą lądem po szynach.

Niezrównana przyroda Pojezierza Mazurskiego to w znacznej mierze efekt zlodowacenia bałtyckiego, które wyżłobiło rynny i niecki jezior oraz pozostawiło olbrzymie głazy (głazowisko w rezerwacie Fuledzki Róg) i osobliwe formy krajobrazowe: należą do nich kemy – nieregularne wzgórza o łagodnym spadku, drumliny – wydłużone faliste wzniesienia oraz sandry – rozległe równiny uformowane z piasków naniesionych przez wodę z topniejącego lodowca. Wśród pojezierzy wchodzących w skład Pojezierza Mazurskiego największą i zasłużoną sławą cieszy się Kraina Wielkich Jezior. Ukochała ją zwłaszcza żeglarska brać, nigdzie indziej w Polsce nie można bowiem przez wiele dni przemierzać jachtem dziesiątek kilometrów wśród ogromnych przestrzeni – jezioro Śniardwy jest wszak największe w kraju i często trudno dostrzec jego drugi brzeg – oraz niepowtarzalnych klimatów, jakie tworzą tamtejsze ośrodki żeglarskie. W takich miejscowościach jak Mikołajki, Ruciane-Nida, Giżycko albo Węgorzewo, będących także ważnymi ośrodkami turystycznymi, można wieczorami w tawernach posłuchać szantów i pieśni żeglarskich, a spacer po kei daje możliwość zetknięcia się z prawdziwym żeglarskim światem.

Piękne obszary polodowcowego krajobrazu porastały niegdyś rozległe puszcze, z których obecnie pozostało kilka kompleksów leśnych. Największym z nich jest Puszcza Piska; jej spokój i dzikość urzekły Konstantego Ildefonsa Gałczyńskiego – pod koniec życia poeta zamieszkał w leśniczówce Pranie nad brzegiem jeziora Nidzkiego, poświęcając wiele swoich wierszy pięknu tego zakątka.

Wśród miejsc szczególnie cennych przyrodniczo znajduje się jezioro Łuknajno, z jedną z większych w Europie kolonii łabędzi niemych. Rezerwat obejmujący jezioro został wpisany przez UNESCO na listę światowych rezerwatów biosfery.

Suwalszczyznę uważa się powszechnie za dalszy ciąg Mazur, chociaż geograficznie rzecz biorąc, jest częścią Pojezierza Litewskiego, ciągnącego się jeszcze dalej na wschód. Krajobraz ukształtowal tutaj lodowiec: wśród malowniczych morenowych wzgórz ukryły się modre tafle jezior. Nad największym z nich – Wigrami leży wioska o tej samej nazwie, a tuż obok na wyspie wznosi się zespół klasztorny Kamedułów, którego eremy zaadaptowano na uroczy ośrodek wypoczynkowy. Wigry to także fragment spływu kajakowego Czarną Hańczą, jednego z najpiękniejszych w Polsce. Płynąc jego trasą, można nie tylko podziwiać uroki dziewiczej Puszczy Augustowskiej, ale także zwiedzić niezwykły zabytek sztuki inżynierskiej: Kanał Augustowski, zaprojektowa-

ny na początku XIX wieku przez Ignacego Prądzyńskiego, który nadzorował również jego budowę. W tym regionie wyraźnie zaznacza swą obecność mniejszość litewska, więc będąc tutaj można na przykład w niejednej restauracji spróbować specjałów litewskiej kuchni – należą do nich m.in. bliny, czyli pyszne smażone placuszki podobne do racuchów. Głównym ośrodkiem Litwinów są Sejny – tutejsza barokowa bazylika Nawiedzenia Najświętszej Marii Panny posiada przepiękne rokokowe wnętrze, zaliczane do najcenniejszych zabytków Suwalszczyzny.

Puszcza Piska
Piska Primeval Forest
Der Piska-Urwald

In the early medieval times the terrains of present Warmia and Masuria were settled by the Prussians. The Teutonic Order, brought to Poland in 1226 by Konrad Mazowiecki, was supposed to return the lands. The Teutonic Knights obtained the land of Chełmno, where they built their order state. Later they conquered the neighbouring Warmia region, which was annexed to Poland in 1406. Countless tracks of their reign are still visible even today. They founded many towns in these areas and also several castles. The most interesting can be found in Nidzica, Kętrzyn, Barciany, Ryn and ruins can be seen, for instance, in Ełk, Szczytno, Morąg or Szestno. The expansion of the order and capture of new territories led to war: one of the most important battles was that of Grunwald, in fact, it was one of the most important battles in Polish history. Today, a monument immortalizes this event, together with the Museum of the Battle in Grunwald.

The Church had a great influence; that is why the sacral buildings here are among its most invaluable sights. Attention is drawn to the marvellous cathedral in Frombork, where Mikołaj Kopernik wrote his grand work *De revolutiionibus orbium coelestium*. The bishops' seats were at one time very imposing castles – visiting them in Lidzbark Warmiński, Reszel, Olsztyn, or the ruins in Szymbark will easily convince you. Much later, only in the 17th century, a church in Święta Lipka was built, still it is one of the best known sanctuaries devoted to the cult of the Virgin Mary and it is a pearl of Baroque architecture. Historical landmarks here come from contemporary times: from the Second World War comes Wolf's Earthworks (Wilczy Szaniec), where Hitler's headquarters were situated. Even today the reinforced concrete walls, eight-metres thick, and the system of underground tunnels impress all who see them. Another attraction is the fortress Boyen in Giżycko, which, in the time of war, was the seat of the intelligence organisation where spies were trained. Near Elbląg runs the Elbląski Canal, which is more than sixty kilometres long. For overcoming the change in height, with a difference of one-hundred metres, a system of ramps was built of a scale unique in Europe. The ships are placed on platforms that ride on tracks.

The rich nature of Masuria Lake District is, to a certain extent, a result of the Baltic Sea formerly being iced over, which then carved out the troughs and basins of the lakes and left giant rocks (there is a collection of large rocks in the Fuledzki Róg nature reserve) and unique forms in the landscape, such as *kemy* – irregular hills with a calm slope, drumlins, repeated wavy hills and outwashes – vast plains formed by the sand accumulated by water from the melting glaciers. Among the lakes, which are part of Masuria Lake

District, the Great Lakes Area enjoys the greatest and most deserved popularity. Especially the yachtsmen love it: there is no other place in Poland where you can cross so many kilometres of vast spaces in your yacht – the Śniardwy Lake is the biggest in Poland and it is difficult to see from one side to the other. There are also yacht clubs on the shores, which guarantee the right atmosphere. In such places as Mikołajki, Ruciane-Nida, Giżycko and Węgorzewo, which are also important places of tourism, you can listen to the chants and sailors' songs at nights in the taverns and a walk on the quayside gives you the possibility to meet the sailor's world.

Glorious terrains of the glacial landscape, once grown over by vast primeval forest, are left now with only some forest ecology.

One of the largest is Piska Primeval Forest. Its tranquillity and wildness enchanted the eminent Polish poet Konstanty Ildefons Gałczyński. Towards the end of his life, he settled in a gamekeeper's lodge named Pranie on the shore of the Nidzkie Lake, devoting many of his poems to the beauty of this nook.

Among the places of nature which are particularly worth a visit is Łuknajno Lake, with one of the larger colonies of mute swans in Europe. The reserve, which surrounds the lake, was entered into UNESCO and it is now on the list of the world's biosphere reserves.

The Suwalskie region is generally considered to be a continuation of Masuria, even though from a geological standpoint it is a part of the Lithuanian Lake Plain, which spreads even further east. A glacier has carved the land: blue lakes are hidden among picturesque moraine hills. Above the largest, Wigry Lake, there is a village of the same name and adjacent to it, on an island, a Cameldolite abbey complex was built; its hermitage has been adapted into an enchanting resort centre. Wigry Lake is also a part of one of the most beautiful kayaking routes in Poland, as one follows the Czarna Hańcza River. When traveling along this route you can admire the beauty of the virgin Augustowska Primeval Forest and also visit an extraordinary and very interesting sight of engineering craftsmanship-the Augustowski Canal designed at the beginning of the 19 th century by Ignacy Prądzyński, who also supervised its construction.

A Lithuanian minority is quite active in this region and thus, when visiting this region, you can, for example, taste Lithuanian kitchen specialties in many restaurants, among others *blinas* – tasty fried pancakes similar to flapjacks. The core of the Lithuanians is in Sejny. A local Baroque basilica of the Visitation of Our Lady has a beautiful rococo interior, which is regarded as one of the most precious sights of the Suwalskie region.

Im frühen Mittelalter waren die Gebiete des heutigen Warmien und Masuren von den Preußen bewohnt – sie sollten vom Kreuzritterorden zum Christentum bekehrt worden. Diesen Orden orderte im Jahre 1226 Konrad von Masowien nach Polen. Die Kreuzritter bekamen das Landgebiet von Chełmno, wo sie ihren Staat gründeten. Kurz darauf eroberten sie das Nachbarland Warmien, das im Jahre 1466 an Polen angeschlossen wurde. Die zahlreichen Spuren der Kreuzritterherrschaft sind bis heute deutlich erkennbar – sie haben auf diesen Gebieten viele Städte gegründet. Zu ihrem Werk zählt man auch einige Schlösser. Die interessantesten kann man in Nidzica, Kętrzyn, Barciany und Ryn besichtigen. Ruinen finden sich z. B. in Ełk, Szczytno, Morąg oder Szestno. Der Machtanwuchs des Ordens und die ständige Besetzung neuer Landgebiete führten zum Krieg. Eines der wichtigsten Ereignisse war die Schlacht unter Grunwald, die zugleich eine der wichtigsten Schlachten in der Geschichte Polens war. Ein Denkmal und das Museum der Grunwaldschlacht macht dieses Ereignis bis heute unvergesslich.

Einen nicht geringen Einfluss auf die Geschichte dieser Landgebiete übte auch die Kirche aus. Aus diesem Grunde gehören die Sakralbauten zu den wertvollsten Denkmälern. Aufsehen erregt besonders die prachtvolle Kathedrale in Frombork, in der Stadt, wo Mikołaj Kopernik sein unsterbliches Werk „De Revolutionibus Orbium Coelestium" schrieb. Die Bischöfe hatten damals oft ihre Sitze in imposanten Schlössern – man kann sich davon überzeugen, wenn man z.B. die Schlösser in Lidzbark Warmiński, Reszel oder Olsztyn, oder auch die Ruinen in Szymbark besichtigt. Viel später, im XVII. Jahrhundert, wurde die Kirche in Święta Lipka erbaut, die eines der berühmtesten Mariensanktuarien und ein Kleinod der barocken Architektur verkörpert. Nicht weniger interessant sind die Denkmäler aus der Zeit, die sich unserer Gegenwart annähert: aus der Zeit des II. Weltkrieges stammt die sog. Wolfschanze, wo sich das Hauptquartier von Hitler befand. Bis heute erregen die von acht –Meter Dicke starken Eisenbetonwände und das System der unterirdischen Tunnel Erstaunen. Eine Attraktion bildet auch die Festung Boyen in Giżycko, die in der Kriegszeit zum Sitz einer Geheimdienstorganisation wurde, welche sich mit der Späherausbildung befasste. In der Nähe von Elbląg durchläuft das Gebiet der über sechzig Kilometer lange Elbląger Kanal. Für die Überwindung des Höhenunterschiedes von hundert Metern baute man ein Hellingensystem, das damals in ganz Europa einzigartig war. Die Schiffe werden auf Loren gesetzt, welche sich über eine Schienenstrecke auf dem Boden bewegen.

Die unvergleichbare Natur der Masuren-Seenplatte ist in großem Maße ein Effekt der Ostseevereisung, welche die Rinnen und Seenmulden ausgehöhlt hat und riesengroße Gesteine (das Gesteinfeld im Naturschutzgebiet Fuledzki Róg) und besondere Landschaftsformen hinterlassen hat: zu ihnen gehören die sog. Kemen – unregelmäßige Anhöhen mit milden Abhängen, Drumline – längliche, wellenförmige Anhöhen, und Sandren – ausgedehnte Flachebenen, die aus dem Sand geformt wurden, der mit dem Wasser aus dem schmelzenden Gletscher angeschwemmt wurde. Unter den Seenplatten, welche die Masuren-Seenplatte bilden, erfreut sich das „Land der großen Seen" (Kraina Wielkich Jezior) der größten Bekannt- und Beliebtheit. Es ist besonders unter Seglern beliebt, da man nirgendwo anders in Polen viele Tage lang ohne Unterbrechung mit der Jacht die riesigen Seenflächen durchfahren kann– der See Śniardwy ist der größte im Land und oft ist das andere Ufer nur schwer zu sichten. Dank der Seglerzentren an den Ufern sind hier unvergessliche Orte entstanden. In Ortschaften wie Mikołajki, Ruciane-Nida, Giżycko oder Węgorzewo, die zu den wichtigsten Touristenzentren gehören, kann man abends in den Tavernen Seglerlieder hören und bei einem Spaziergang am Kai die echte Seglerwelt treffen.

Schöne Gebiete der Nacheislandschaft waren einst von ausgedehnten Urwäldern bewachsen, von denen noch einige Waldkomplexe erhalten sind. Der größte von ihnen ist der Piska-Urwald; seine Ruhe und Wildnis haben den Dichter Konstanty Ildefons Gałczyński bezaubert – am Ende seines Lebens hat er sich im Forsthaus Pranie am Ufer des Nidzkie-Sees niedergelassen und widmete der Schönheit dieses Winkels Erde viele seiner Gedichte.

Zu den Orten, die naturwissenschaftlich besonders wertvoll sind, gehört der See Łukajno, eine der größten Ansiedlungen der stummen Schwäne. Das Naturschutzgebiet wurde von UNESCO auf die Liste der Biosphäre-Weltnaturschutzgebiete eingetragen.

Nördlich von Podlasie erstreckt sich das Landgebiet von Suwałki, Suwalszczyzna genannt, das allgemein als eine Fortsetzung des Masuren-Gebietes gehalten wird, obwohl es aus geographischer Sicht Teil der Litauischen Seenplatte ist, die sich noch weiter gen Osten erstreckt. Die Landschaft wurde hier von einem Gletscher geformt: unter den malerischen Moränenanhöhen verstecken sich die blauen Seenplatten. Über dem größten von ihnen – Wigry – liegt ein Dorf mit demselben Namen, und gleich daneben erhebt sich auf der Insel der Klosterkomplex der Kamedulenser, dessen Klausen in ein bezauberndes Erholungszentrum umgestaltet wurden. Wigry ist auch ein Fragment einer der schönsten in Polen Wildflussfahrt auf Czarna Hańcza. Wenn man ihre Strecke lang fährt, kann man nicht nur den Reiz des jungfräulichen Augustowski-Urwaldes bewundern, sondern auch das ungewöhnliche und sehr interessante Denkmal der Ingenieurskunst besuchen: den Augustowski-Kanal, der am Anfang des XIX. Jahrhunderts von Ignacy Prądzyński entworfen wurde, der den Bau auch selbst beaufsichtigt hat. In diesem Gebiet macht die litauische Minderheit auf seine Anwesenheit aufmerksam. Während eines Aufenthalts hat man in vielen Gaststätten Gelegenheit, die Spezialitäten der litauischen Küche zu probieren – zu ihnen gehören zum Beispiel die russischen Pfannkuchen „Bliny", köstliche gebratene Plätzchen. Das Hauptzentrum der Litauer ist Sejny. Die hiesige barocke Basilika der hl. Maria Heimsuchung mit ihren imposantenten Innenräumen in Rokoko-Stil gehört zu den wertvollsten Denkmälern des Suwałki-Gebietes.

Zamek w Olsztynie
The castle in Olsztyn
Das Schloss in Olsztyn

Zamek w Nidzicy
The castle in Nidzica
Das Schloss in Nidzica

Zamek w Lidzbarku Warmińskim
The castle in Lidzbark Warmiński
Das Schloss in Lidzbark Warmiński

Zamek w Węgorzewie
The castle in Węgorzewo
Das Schloss in Węgorzewo

Zamek biskupów warmińskich w Reszlu
The castle of the Warmia bishops in Reszel
Das Schloss der Bischöfe von Warmien in Reszel

Pałac w Sorkwitach
The palace in Sorkwity
Der Palast in Sorkwity

Zabytkowy wiatrak w Rynie
An old windmill in Ryn
Die altertümliche Windmühle in Ryn

Sanktuarium w Świętej Lipce
The sanctuary in Święta Lipka
Das Sanktuarium in Święta Lipka

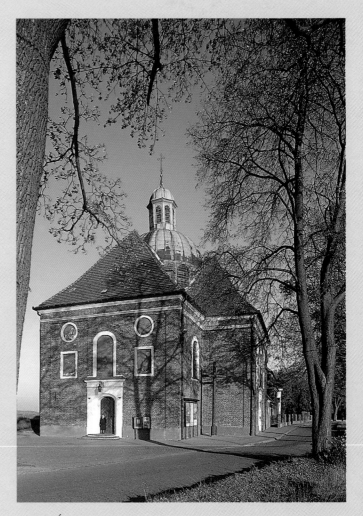

Kościół z XIV wieku w Tolkmicku
A church from the 14th century in Tolkmicko
Die Kirche aus dem XIV. Jahrhundert in Tolkmicko

Kościół Św. Krzyża w Braniewie
The church of the Holy Cross in Braniewo
Die St. Kreuz-Kirche in Braniewo

Wzgórze Katedralne we Fromborku
The Cathedral Hill in Frombork
Die Kathedrale-Anhöhe in Frombork

Na trasie kanału Ostródzko-Elbląskiego
On the route of the Ostróda-Elbląg Canal
Auf dem Wege des Ostródzko-Elbląski-Kanals

Rezerwat „Wąwóz Walszy"
The Walsza Ravine Reservation
Das Naturschutzgebiet Walsza-Schlucht

Jezioro Jeziorak
The Jeziorak Lake
Der See Jeziorak

Park Krajobrazowy Wysoczyzny Elbląskiej
The Scenic Park of the Elbląg Highlands
Der Landschaftspark der Elbląger Hochebene

Jezioro Jaczno w Suwalskim Parku Krajobrazowym
The Jaczno Lake in the Suwalski Scenic Park
Der See Jaczno im Suwalski-Landschaftspark

Mazurski Park Krajobrazowy – jezioro Bełdany (A), rzeka Krutynia (B)
The Mazurski Scenic Park – the Bełdany Lake (A), the Krutynia River (B)
Der Masuren-Landschaftspark – Der See Bełdany (A), Der Fluss Krutynia (B)

Rzeka Czarna Hańcza
Czarna Hańcza River
Der Fluss Czarna Hańcza

Wigry Lake
Wigry Lake
Der See Wigry

Posąg Neptuna na tle Dworu Artusa w Gdańsku
The statue of Neptune in the back of the Artus Court in Gdańsk
Die Neptun-Statue auf dem Hintergrund des Artushofes in Danzig

Pomorze

Pomorze
Pomerania
Pommern

Największym skarbem Pomorza jest wybrzeże Bałtyku. Plaże, pokryte złocistym piaskiem i zamknięte pasem wydm z jednej strony oraz morzem z drugiej, przyciągają każdego lata ogromne rzesze zwolenników wygrzewania się na słońcu przy łagodnym szumie fal i spokojnych powiewach morskiej bryzy. Przyjeżdżają do znanych kurortów, oferujących nie tylko słoneczne i morskie kąpiele – wiele z nich posiada cenne zabytki oraz inne atrakcje. Do najbardziej renomowanych należy Świnoujście ze stylową uzdrowiskową zabudową z czasów międzywojennych oraz położone w bliskim sąsiedztwie Międzyzdroje, gdzie od niedawna największe gwiazdy polskiego kina zostawiają odcisk dłoni na chodniku Promenady Gwiazd. To również baza wypadowa do Wolińskiego Parku Narodowego, urzekającego urwiskami klifów wysokimi na prawie sto metrów oraz głębokimi jarami i zapadliskami – można tutaj spotkać żubry w rezerwacie pokazowym, a także orła bielika, który jest symbolem Parku.

Górująca nad Kamieniem Pomorskim katedra św. Jana Chrzciciela jest jednym z najważniejszych gotyckich zabytków na Pomorzu, a dzięki jej okazałym organom każdego lata można tu słuchać koncertów w ramach Międzynarodowego Festiwalu Muzyki Organowej. Na zachód od Kamienia Pomorskiego rozciąga się Zalew Kamieński z Chrząszczewską Wyspą – znajduje się na niej niezwykły Królewski Kamień, od którego wzięła się nazwa miejscowości i zalewu. Jest to głaz narzutowy, o średnicy około dwudziestu metrów – według legendy Bolesław Krzywousty przyjmował z niego defiladę floty podbitego Pomorza Zachodniego.

Jedną z najciekawszych atrakcji wybrzeża jest Trzęsacz. W XV wieku, w odległości dwóch kilometrów od brzegu morskiego, powstał tu ceglany kościół, jednak na przestrzeni ostatnich dwóch wieków morze zabierało jego kolejne fragmenty i obecnie pozostał jedynie fragment południowej ściany z dwoma ostrołukowymi oknami.

Największym polskim uzdrowiskiem jest Kołobrzeg, w którym do łask powrócił ostatnio bardzo niegdyś popularny Festiwal Piosenki Żołnierskiej. Oprócz bazyliki, latarni morskiej, solanek, sanatoriów, domów wczasowych i smażalni ryb jest tu także nie-

wielki port – można z niego popłynąć na niezwykłą wycieczkę okrętem wikingów albo „Santa Marią" Kolumba, stylizowanymi na zabytkowe żaglowce statkami wycieczkowymi.

Stolicą zachodniej części Pomorza jest położony nad Odrą Szczecin; pomimo że do morza jest stąd ponad sześćdziesiąt kilometrów, jest jednym z największych portów handlowych, a także miastem wody i zieleni. Układ urbanistyczny centrum, wzorowany na Paryżu, to ocienione drzewami ulice biegnące we wszystkich kierunkach z gwiaździstych placów – dlatego Szczecin zyskał swojego czasu przydomek Paryż Północy. Miasto nie szczyci się ogromem zabytków, gdyż podczas wojny doznało poważnych zniszczeń, jednak na wzmiankę zasługuje majestatyczny renesansowy Zamek Książąt Pomorskich. Najbardziej reprezentacyjną aleją Szczecina, czyli Wałami Chrobrego, podziwiając po drodze szacowne gmachy i piękne widoki na Odrę, można dojść do Muzeum Morskiego, prezentującego ciekawe zbiory marynistyczne, m.in. oryginalną łódź słowiańską.

Otaczające Szczecin Pojezierze Myśliborskie, niezbyt licznie odwiedzane prze turystów, kryje nie lada ciekawostkę – w Chojnie znajduje się jeden z największych w Polsce platanów, mierzący w obwodzie prawie dziesięć metrów.

Położone znacznie bardziej w głębi lądu Pojezierze Drawskie jest ostoją nie skażonej cywilizacją natury – lasy są pełne grzybów i dzikiej zwierzyny, a jeziora i rzeki obfitują w ogromną ilość ryb. Wśród rzek najbardziej znana jest Drawa, ciesząca się wielkim uznaniem wśród miłośników kajakarstwa; jej środkowy odcinek, przebiegający przez Drawieński Park Narodowy, płynie wartkim nurtem w głęboko wciętej dolinie, tworząc malownicze przełomy. Również przemierzając trasę spływu, można obejrzeć największy w kraju poligon, jednak po upewnieniu się wcześniej, czy nie odbywają się na nim ćwiczenia.

Tysiącletni Gdańsk, stolica Pomorza Wschodniego, jest jednym z trzech najważniejszych portów morskich Polski. Wiele bezcennych zabytków pochodzi z okresu niezwykle bujnego rozkwitu gospodarczego i kulturalnego, który nastąpił między XVI i XVIII wiekiem. Najwspanialsze z nich są położone wzdłuż Drogi Królewskiej, przemierzanej dawno temu przez polskich królów oraz kupców podążających bursztynowym szlakiem do portu handlowego. Otwiera ją masywna renesansowa Brama Wyżynna, zaraz za nią wznosi się Katownia i wieża Więzienna. Mijając zwieńczoną tarasem z posągami Złotą Bramę, wkracza się na ulicę Długą, prowadzącą do wysmukłej wieży ratusza oraz okazałego Dworu Artusa, którego fasada zwraca uwagę trzema ogromnymi oknami, a stojąca przed Dworem fontanna Neptuna jest jednym z najbardziej rozpoznawalnych symboli miasta. Poza Drogą Królewską Gdańsk zachwyca jeszcze innymi znakomitościami, do których należy zaliczyć chociażby Stary Żuraw i spichrze nad Motławą, najstarszy w Starym Mieście kościół św. Katarzyny, opactwo Cystersów w Oliwie ze słynnymi organami (w chwili powstania uchodziły za największe w Europie) oraz *Sąd Ostateczny* – jedno z najświetniejszych dzieł Hansa Memlinga, które można podziwiać w Muzeum Narodowym.

Z Gdańskiem graniczy Sopot, nieodmiennie kojarzący się z drewnianym szerokim molem prawie półkilometrowej długości oraz Operą Leśną, gdzie co roku odbywa się m.in. powszechnie znany Festiwal Piosenki.

Na wschodnim krańcu Pomorza wznosi się zamek w Malborku – prawdziwy rarytas architektury obronnej i jedna z największych tego rodzaju budowli w Europie, wpisana na listę światowego dziedzictwa kulturalnego UNESCO. Twierdza była w XIV i XV wieku stolicą państwa krzyżackiego; dziś budzi podziw nie tylko ogromem i wspaniałymi detalami architektonicznymi, jest także siedzibą muzeum, które posiada m. in. przepiękną kolekcję wyrobów z bursztynu.

Na liście UNESCO znalazł się również Słowiński Park Narodowy, obejmujący fragment wybrzeża Bałtyku wraz z przybrzeżnymi jeziorami, z Łebskim na czele. Zupełnie niepowtarzalnym zjawiskiem są tutaj wydmy dochodzące do kilkudziesięciu metrów wysokości, które „wędrują" kilka metrów rocznie, zostawiając za sobą nieco upiorny krajobraz w postaci wyschniętych

kikutów obumarłych drzew. W granicach Parku znajduje się skansen w Klukach – rekonstrukcja dawnej słowińskiej wsi. Dużą część obszaru Pomorza Wschodniego stanowią Kaszuby, zamieszkane przez lud o słowiańskim rodowodzie, który na przestrzeni setek lat stworzył własną kulturę, tradycję, sztukę, a nawet język. Najbardziej rozpoznawalnym elementem kaszubskiego folkloru są charakterystyczne kwiatowe wzory z typowym zwłaszcza tulipanem. Bajecznie kolorowym haftem ozdabiano ubrania i tkaniny, kaszubskie motywy malowano na meblach i naczyniach – przede wszystkim na ceramice. W Chmielnie od dziesięciu pokoleń lepi naczynia ród Neclów, ich zakład można nie tylko zwiedzić, przyglądając się jak powstaje słynna ceramika – można także zasiąść przy garncarskim kole, a potem wypalić w piecu dzieło swych rąk. Natomiast prawdziwe kaszubskie checze (chałupy) wraz z obejściami i wyposażeniem wnętrz, a także szkołę, osiemnastowieczny kościółek i dwa wiatraki można podziwiać w najstarszym polskim skansenie we Wdzydzach Kiszewskich.

Na północy znajdują się spokojne i schludne nadmorskie kurorty: Jurata, Jastarnia, Chałupy czy Hel, z czystymi i szerokimi plażami, osłoniętymi wałem wydm i sosnowym lasem – prawdziwy raj dla tych, którzy pragną zacisznego wypoczynku.

Jednym z najpiękniejszych fragmentów Kaszub jest Szwajcaria Kaszubska, niezwykle urozmaicona geologicznie, gdzie widoki przywodzą na myśl tereny górskie. Najwyższym wzniesieniem jest Wieżyca, która liczy 331 m n. p. m. – zimą można tu nawet zjeżdżać na nartach. Malowniczości przydają krajobrazowi jeziora; szczególnie znane jest tzw. Kółko Raduńskie, czyli dziesięć dużych jezior ciągnących się wzdłuż Raduni.

Położone dalej na południe Bory Tucholskie, będące ostoją ptactwa i dzikiej zwierzyny oraz jednym z największych kompleksów leśnych w Polsce, kryją w swych nieprzebytych ostępach tajemnicze kamienne kręgi (niedaleko wsi Odry), które są pozostałością po kurhanach i tzw. grobach płaskich, a datuje się je na początek naszej ery.

The greatest treasure of Pomerania is the Baltic seaside. The beaches covered with golden sand and isolated by stretches of dunes from one side and the sea on the other, attract every year a large groups of enthusiasts who enjoy basking in the sun while listening to the gentle sea waves and calm draughts of sea breeze. These famous spa resorts offer not only sun and sea-bathing, but many of them also have precious sights and other attractions. Among the best known is Świnoujście with a stylish building dated from between the Wars, and Międzyzdroje situated in the nearby neighbourhood, where the biggest Polish film stars have recently left their prints in the pavement of Star Promenade. It is also a good base for trips to Woliński National Park, which enchants you with its precipices up to one--hundred metres high and its deep ravines and pits. Here in the nature reserve it is possible to encounter the aurochs and the bald eagle, which is the symbol of the park.

The cathedral of St.John the Baptist, which towers over Kamień Pomorski, is one of the most important sightseeing attractions in Pomerania. Thanks to its monumental organs, every summer concerts may be heard here as part of the International Festival of Organ Music. To the west of Kamień Pomorski the Kamień Bay stretches further out with Chrząszczewska Island. On this island there is an unusual Royal Rock (Królewski Kamień), from which the name of the place and bay was derived. It is a rock with a diameter of about twenty metres. According to legend, Bolesław Krzywousty took the salute, as he stood here upon this rock, of the defeated Western Pomerania fleet.

One of the most interesting attractions of the bay is Trzęsacz. In the 15th century, at a distance of two kilometres from the sea coast, a brick church was built, although during the last two centuries the sea has eroded some parts of it and now all that remains is one fragment of the southern wall with two arch windows.

The biggest Polish spa is Kołobrzeg, where a once popular Festival of Soldier's Song has recently regained popularity. In addition to the basilica, lighthouse, salt beds, sanitariums, holiday houses and fish fries, there is also a small port — you can sail from it on a Viking boat trip or on Columbus' "Santa Maria" excursion ships, stylised as historically reminescent sailboats. The regional centre of Western Pomerania is Szczecin situated at the Oder River. Even though it is more than sixty kilometres distant from the sea, it is one of Poland's largest trade ports, a town of water and greenery. The urban layout, based on Paris, comprises streets lined with trees radiating from plazas, the reason why the town once had the nickname "Paris of the North". Szczecin cannot boast of possessing a great number of sightseeing attractions for during the War it was severely destructed. In spite of this, a majestic Renaissance castle belonging to the princes of Pomerania is worth a reference. The most representative avenue is Wały Chrobrego, with its colossal buildings and beautiful views of the Oder River. It brings one to the Maritime Museum, which displays interesting maritime collections and, among other vessels, the original Slavonic ship.

Pojezierze Myśliborskie, the lake district, which surrounds Szczecin and is not much visited by tourists, contains many spectacles – in Chojna there is one of the biggest sycamores in Poland, with a diameter of almost ten metres.

Situated inland, is Pojezierze Drawskie, another lake area, which is a sanctuary of nature unspoilt by civilisation. The forests here are full of mushrooms and fauna, the lakes and rivers abound in a great number of fish. Among the rivers, the most known is the Drawa, popular with canoeing enthusiasts; its middle section, which runs through Drawieński National Park, flows swiftly through a deep, carved valley, forming picturesque beaches. Floating down the river, you can have a look at Poland's largest military exercise field, if it is not in use, of course.

The one-thousand-year-old town of Gdańsk, the regional centre of Eastern Pomerania, is one of the three the most important seaports in Poland. Many invaluable sights of historical interest come from an era of economic and cultural boom that took place between the 16th and 18th centuries. Most famous ones are situated along the Royal Road, traveled many centuries ago by Polish kings and merchants making their way down the amber trail to the trade port. There is the massive Renaissance Upland Gate (Brama Wyżynna). Right behind it rise a torture chamber and prison tower. Passing by the terrace of the Golden Gate (Złota Brama) decorated with its statues, you enter Długa street, leading to the Town Hall tower and splendorous Arthur's Court (Dwór Artusa), where the facade draws attention to three big windows. The Neptune fountain in front of the court is one of the most distinguishing marks of the town. Apart from the Royal Road, Gdańsk gains interest also thanks to other notabilities, such as the Old Crane (Stary Żuraw) and granary on the Motława; the oldest church in the Old Town, St. Catherine's; the Cisterian abbey in Oliwa with its well-known organs (at the time of their origin, they were ranked among the largest in Europe); and also *The Judgement Day* – one of the most magnificent works by Hans Memling, which can be admired in the National Museum.

Sopot borders on Gdańsk, and is naturally connected with a wide, wooden pier, almost five-hundred metres long. In Opera Leśna a widely-known song festival is held annually.

On the eastern border of Pomerania rises a castle in Malbork, having an especially unique design in defensive architecture. It is one of its kind in Europe and has entered the UNESCO list of world cultural heritage. The fortress was the capital of the Teutonic Order state in the 14th and 15th, and today it still wins interest, not only because of its dimension and architectural work, but being also the site of a museum having a glorious collection of products made of amber.

Słowiński National Park has also entered UNESCO's list. It occupies the section of the Baltic seacoast with the coastal lakes, together with Łebsko Lake. Sand dunes there exhibit an unforgettable phenomenon. They are tens metres high and „travel" some metres annually, leaving behind somewhat desolate landscape of dried-up tree stumps. Within the park's borders, there is an open-air museum in Kluki with a reconstruction of an old Slovene village. Kaszuby region makes up a substantial part of the territory of Eastern Pomerania. It is occupied by people of Slavic origin who, through hundreds of years of life here, have created their own culture, tradition, art and even language. The most distinguishing feature of their folklore is a flower pattern with a common tulip. Fabulously colourful embroideries decorate their clothes and fabrics, and the Kaszuby motifs are painted on their furniture, dishware, and, above all, ceramics. In Chmielno the family line of the Necel has glued dishware for ten generations. You can visit their factory and observe how the famous ceramics are made. There is also possibility to sit at the potter's wheel and then fire a piece of work in the kiln. In the oldest open-air museum in Wdzydze Kiszewskie, on the other hand, one can admire fully-decorated example buildings from Kaszuby: a school, a church from the 18th century and two windmills.

In the northern quiet and cosy seaside, are located the Jurata, Jastarnia, Chałupy and Hel resort areas, with clean and wide beaches, lined by a dune embankment and pine woods. It is a real paradise for those who wish to experience tranquil relaxation.

One of the most gorgeous areas of Kaszuby is Szwajcaria Kaszubska, a place of extraordinary geological variety, where the views evoke the atmosphere of the mountain terrains. The highest hill is Wieżyca, found 331 metres above sea level. During the wintertime skiing takes place here. The lakes, in particular the Kółko Raduńskie, ten large lakes stretching along the Radunia River, enhance the quaintness. Bory Tucholskie can be found more to the south, and it is the place full of bird life and game, and moreover one of the largest forests in Poland. It contains in its interior (not far away from the village Odra) mysterious circles, which are remnants of the grave-mounds, and also the so-called "flat tombs", both dating back to the beginnings of our time.

Der größte Schatz von Pommern ist die Ostseeküste. Die Strände, mit goldgelbem Sand bedeckt und von einer Seite durch das Dünengebiet und von der anderen durch das Meer begrenzt, locken jeden Sommer Tausende von Sonnenhungrigen durch das leise Geräusch der Wellen und ihren ruhigen Brisenhauch an. Sie kommen in die bekannten Kurorte, die nicht nur als Sonnen- und Ostseebad dienen, sondern auch wertvolle Denkmäler und andere Attraktionen bieten. Zu den berühmtesten gehört die Stadt Świnoujście mit einer stilvollen Bebauung aus der Zeit zwischen den Weltkriegen, sowie der nahe gelegene Ort Międzyzdroje, wo seit kurzem die größten polnischen Filmstars auf dem Bürgersteig der Star-Promenade ihren Handabdruck hinterlassen. Est ist zugleich Ausgangsbasis in den Woliński-Nationalpark, der mit fast hundert Meter hohen Uferbrüchen und tiefen Schluchten und Bodeneinbrüchen bezaubert. Hier kann man auch die Wisente im Schaunaturschutzgebiet treffen, aber auch den weißen Adler, den Symbol des Parks.

Die den Kamień Pomorski überragende Kathedrale St. Johannes des Täufers ist eines der wichtigsten gotischen Denkmäler in Pommern, und dank ihrer prachtvollen Orgel kann man hier jeden Sommer Konzerte in Rahmen des Internationalen Orgelmusikfestivals hören. Westlich von Kamień Pomorski erstreckt sich das Kamieński-Haff mit der Insel Chrząszczew, auf der sich der ungewöhnliche Königstein befindet, nach dem Ortschaft und Haff benannt sind. Er ist ein eiszeitlicher Steinblock mit einem Durchmesser von etwa zwanzig Metern, von dem aus Bolesław Krzywousty der Legende nach den Vorbeimarsch der Flotte des unterworfenen Westpommern abgenommen hat.

Eine der interessantesten Küstenattraktionen ist Trzęsacz. Im XV. Jahrhundert entstand hier in einer Entfernung von zwei Kilometern vom Meeresufer eine Ziegelkirche. Während der letzten zwei Jahrhunderte jedoch trug das Meer aufeinanderfolgend ihre weiteren Fragmente ab und gegenwärtig ist nur noch das Fragment der südlichen Wand mit zwei Spitzbogenfenstern erhalten. Der größte polnische Kurort ist Kołobrzeg, wo in der letzten Zeit das einst beliebte Festival des Soldatenliedes die Gunst des Publikums wieder erwarb. Außer der Basilika, des Leuchtturms, der Salzbäder, Sanatorien, Erholungsheime und Fischgrillbars, gibt es hier auch einen kleinen Hafen, von dem aus man einen ungewöhnlichen Ausflug mit Ausflugsschiffen im Stil altertümlicher Segelschiffe – einem Wikinger-Schiff oder der „Santa Maria" von Kolumbus – unternehmen kann. Die Hauptstadt des westlichen Teiles von Pommern ist die an der Oder gelegene Stadt Stettin. Obwohl von der Ostsee über sechzig Kilometer entfernt, ist sie zugleich einer der größten Handelshäfen und die Stadt des Wassers und der Grünanlagen. Die städtebauliche Anordnung des Zentrums richtet sich mit ihren von Bäumen beschatteten Straßen, die von den Märkten sternförmig in alle Richtungen verlaufen, nach dem Muster von Paris. Aus diesem Grunde bekam die Stadt seinerzeit den Beinamen „Paris des Nordens". Da Stettin im Krieg ernsthafte Beschädigungen erlitt, kann sich die Stadt nicht mit einer Unmenge von Baudenkmälern schmücken, doch ist das majestätische Schloss der Fürsten von Pommern im Renaissance-Stil erwähnenswert. Die repräsentativste Allee von Stettin, die Wały Chrobrego in der Nachbarschaft von beachtenswerten Gebäuden und mit schönem Ausblick auf die Oder, führt zum Meeresmuseum, das interessante Marinesammlungen präsentiert, unter anderem ein original slawisches Boot.

Die Stettin umgebende Myśliborskie-Seenplatte, von Touristen nicht oft besucht, birgt eine bemerkenswerte Merkwürdigkeit – in Chojno findet man eine der größten Platanen in Polen, deren Umfang fast zehn Meter misst.

Die mehr im Inland liegende Drawskie-Seenplatte bietet eine von der Zivilisation unberührte Natur – die Wälder sind voll von Pilzen und Wildtieren und die Seen und Flüsse ungeheuer reich an Fischen. Unter den Flüssen ist die Drawa am bekanntesten, die unter Kanusportliebhabern sehr beliebt ist. Ihr mittlerer Flusslauf, der den Drawieński-Nationalpark durchläuft, fließt mit schneller Strömung in einem tief eingeschnittenen Tal und bildet malerische Durchbrüche. Die Abflussstrecke verfolgend kann man auch den größten Truppenübungsplatz Polens sehen, jedoch muss man sich vorher vergewissern, dass dort keine Militärübungen stattfinden.

Das tausendjährige Danzig, die Hauptstadt von Westpommern, ist einer der wichtigsten Meereshäfen Polens. Viele unschätzbare

Denkmäler kommen aus der Zeit der ungewöhnlich üppigen Wirtschafts- und Kulturentwicklung, die zwischen dem XVI. und XVIII. Jahrhundert stattfand. Die prächtigsten von ihnen liegen an der Königsstraße, die schon in alten Zeiten von den polnischen Königen sowie von Kaufleuten durchzogen wurde, die auf dem Bernsteinweg Richtung Handelshafen unterwegs waren. Die Königsstraße beginnt mit dem massiven Renaissance-Tor Wyżynna. Gleich hinter ihm erhebt sich die Folterkammer und der Gefängnisturm. An dem Golden Tor vorbeigehend, das mit einer Terasse von Statuen verziert ist, schreitet man in die Długa -Straße, die zum schlanken Rathausturm und prächtigen Artushof (Dwór Artusa) führt, dessen Fassade die Aufmerksamkeit durch drei riesige Fenster anzieht. Der vor dem Hof stehende Neptunbrunnen ist einer der bekanntesten Symbole der Stadt. Außer mit der Königsstraße entzückt Danzig noch mit anderen Sehenswürdigkeiten. Zu ihnen gehören zumindest der sog. Alte Kranich. und die Speicher am Fluss Motława, aber auch die Kirche der hl. Katherina, die älteste in der Altstadt, die Zisterziensenabtei in Oliwa mit der berühmten Orgel (in der Entstehungszeit galt sie als die größte in Europa) und „das Jüngste Gericht" – eines der größten Werke von Hans Memling, das man im Nationalmuseum bewundern kann.

An Danzig grenzt Sopot, das man unverändert mit der hölzernen, breiten, fast einen halben Kilometer langen Mole und der Waldoper verbindet, wo jedes Jahr das allgemein bekannte Liederfestival stattfindet.

In dem östlichen Teil von Pommern erhebt sich das Schloss von Malbork – eine wirkliche Rarität der Verteidigungskultur und einer der größten Bauten dieser Art in Europa, der auf die Liste der Weltkulturerbschaft UNESCO gesetzt wurde. Die Festung war im XIV. und XV. Jahrhundert die Hauptstadt des Kreuzritterstaates. Heute erregt sie nicht nur dank der Riesengröße und der prächtigen architektonischen Details Bewunderung, sie ist zugleich Sitz eines Museums, das u. a. eine wunderschöne Sammlung von Bernsteinerzeugnissen beherbergt.

Auf der UNESCO-Liste befand sich auch der Słowiński-Nationalpark, der das Ostseeküstefragment zusammen mit den Küstenseen, besonders mit dem See Łebsko, umfasst.

Ein einzigartiges Phänomen sind die Dünen, welche eine Höhe von bis zu mehreren zehn Metern erreichen. Sie „wandern" einige Meter jährlich und lassen eine geisterhaft erscheinende Landschaft hinter sich – ausgedörrte Stümpfe abgestorbener Bäume. Auf dem Parkgelände befindet sich das Freilichtmuseum in Kluki – eine Rekonstruktion des ehemaligen Słowiner Dorfes.

Einen großen Teil des Gebietes von Ostpommern bilden die Kaschuben, die vom Volk slawischer Herkunft bewohnt sind. Diese Volksgruppe hat sich in einer Zeitspanne von Jahrhunderten eine eigene Kultur, Tradition, Kunst und sogar Sprache geschaffen. Das am besten erkennbare Element der Kaschubischen Folklore sind charakteristische Blumenmuster mit dem besonders typischen Tulipan. Mit der märchenhaft farbigen Stickerei hat man Kleidung und Stoffe geziert, Kaschuber Motive wurden auf Möbel oder auf Geschirr gemalt – vor allem auf Keramik. In Chmielno wird das Geschirr seit zehn Generationen von der Familie Necel geformt. Ihre Werkstatt kann man nicht nur besichtigen und zusehen, wie die berühmte Keramik entsteht, man kann sich sogar selbst an die Töpferscheibe setzen und dann im Ofen das Erzeugniss seiner eigenen Hände ausbrennen. Doch die echten Kaschuber „checze" (Bauernhäuser) zusammen mit Höfen und original erhaltener Innenausstattung, eine Schule, eine Kirche aus dem 18. Jh. und zwei Windmühlen kann man im ältesten polnischen Freilichtmuseum in Wdzywy Kiszewskie bewundern.

Im Norden befinden sich die ruhigen und sauberen Küstenkurorte: Jurata, Jastarnia, Chałupy oder Hel, mit sauberen und breiten Stränden, die durch Damm und Kiefernwald geschützt sind – ein echtes Paradies für Anhänger ruhiger Erholung.

Einer der schönsten Teile von Kaschuby ist die Kaschube Schweiz, die vom geologischen Standpunkt aus ungewöhnlich abwechslungsreich ist. Der Anblick erinnert an Berggebiete. Die höchste Anhöhe ist Wieżyca, mit 331 m ü. d. M. – im Winter kann man hier sogar Ski laufen. Den malerischen Eindruck verleihen der Landschaft auch die Seen, von denen der sog. Raduńskie-Kreis („Kółko Raduńskie") der bekannteste ist. Insgesamt erstrecken sich zehn große Seen am Rande des Flusses Radunia.

Die weiter in südlicher Richtung gelegenen Tucholskie-Wälder, Aufenthaltsort von Vögeln und Wildtieren und zugleich einer der größten Waldkomplexe Polens, bergen in ihren undurchdringlichen Dickichten mysteriöse steinerne Ringe (unweit vom Dorf Odry), welche Überreste von Grabhügeln und sog. platten Gräbern sind. Sie werden auf den Anfang unserer Ära datiert.

A

B

Organy w Oliwskiej Katedrze
The organ in the cathedral in Oliwa
Die Orgel in der Kathedrale in Oliwa

Molo w Sopocie
A pier in Sopot
Die Mole in Sopot

Nadmorski Park Krajobrazowy – widok na Przylądek Rozewie
The Nadmorski Scenic Park – a view of the Rozewie Cap
Der Küsten-Landschaftspark – Blick auf das Kap Rozewie

Brzeg morski w Chałupach na półwyspie Helskim
A sea coast in Chałupy on the Hel Peninsula
Das Meeresufer in Chałupy auf der Halbinsel Hel

Burza nad morzem
A storm on the sea
Ein Gewitter am Meer

Zamek krzyżacki w Malborku
The Teutonic Knight's castle in Malbork
Das Kreuzritterschloss in Malbork

Kamienice przy rynku w Tczewie
Houses on the square in Tczew
Die Bürgerhäuser am Markt in Tczew

Na rynku w Gniewie
On the square in Gniew
Auf dem Marktplatz in Gniew

Katedra w Pelplinie
The cathedral in Pelplin
Die Kathedrale in Pelplin

153

Wdzydzki Park Krajobrazowy
The Wdzydzki Scenic Park
Der Wdzydzki-Landschaftspark

Skansen we Wdzydzach Kiszewskich
The open-air museum in Wdzydze Kiszewskie
Das Freilichtmuseum in Wdzydze Kiszewskie

Jezioro Raduńskie w Szwajcarii Kaszubskiej
The Raduńskie Lake in the Szwajcaria Kaszubska region
Der Raduńskie-See in der Kaschuben-Schweiz

Bory Tucholskie
The Forests of Tuchola
Tucholskie-Wälder

Ruchome wydmy w Słowińskim Parku Narodowym
Moving dunes in the Słowiński National Park
Die Wanderdünen im Słowiński-Nationalpark

156

Drawski Park Krajobrazowy
The Drawski Scenic Park
Der Drawski-Landschaftspark

Drawieński Park Narodowy
The Drawieński National Park
Der Drawieński-Nationalpark

Jezioro Wisola w Ińskim Parku Krajobrazowym
The Wisola Lake in the Iński Scenic Park
Der See Wisola im Iński-Landschaftspark

Cedyński Park Krajobrazowy
The Cedyński Scenic Park
Der Cedyński-Landschaftspark

Port w Kołobrzegu
The port in Kołobrzeg
Der Hafen in Kołobrzeg

Ruiny kościoła w Trzęsaczu
Ruins of the church in Trzęsacz
Die Kirchenruinen in Trzęsacz

Panorama z latarni morskiej w Niechorzu
The panorama from the lighthouse in Niechorze
Panorama vom Leuchtturm in Niechorze

Kutry na plaży w Międzyzdrojach
Cutters on the coast in Międzyzdroje
Die Kutter am Strand in Międzyzdroje

161

A

B

Szczecin – widok na port i Wały Chrobrego (A),
        Ratusz Staromiejski (B)
Szczecin – a view of the harbour and Wały Chrobrego (A),
        the Old-Town Hall (B)
Stettin – Anblick des Hafens und die Chrobry-Dämme (A),
        Altstädter Rathaus (B)

Zamek Książąt Pomorskich w Szczecinie
The Castle of Pomeranian Princes in Sczecin
Das Schloss der Pommerschen Fürsten in Stettin

Kościół Mariacki w Stargardzie Szczecińskim
The St. Mary's Church in Stargard Szczeciński
Die Marienkirche in Stargard Szczeciński

Klif w Wolińskim Parku Narodowym
A cliff in the Woliński National Park
Das Kliff im Woliński-Nationalpark

164

„GROSIK DLA DZIECKA" – Kupując książkę
wydawnictwa Videograf II, pomagasz dzieciom i młodzieży niepełnosprawnej. Jeden
grosz z każdej sprzedanej książki, opatrzo-
nej tym logo, trafia do Fundacji Pomocy
Dzieciom i Młodzieży Niepełnosprawnej
im. św. Stanisława Kostki w Katowicach.

REDAKCJA
JOANNA BAŁAZY
TERESA DARMOŃ
JACEK ILLG

TŁUMACZENIE
PYGMALION – CZESKI CIESZYN

SKŁAD, OPRACOWANIE GRAFICZNE I PROJEKT OKŁADKI
ANNA ŁOZA-DZIDOWSKA

REDAKCJA TECHNICZNA
JERZY KUŚMIERZ

WYDANIE I, MAJ 2002

VIDEOGRAF II SP. Z O.O., 40-153 KATOWICE, AL. W. KORFANTEGO 191
TEL.: (0-32) 203-65-59, 203-65-60, 730-25-12
FAX: (0-32) 730-25-13
office@videograf.pl
www. videograf.pl

ISBN 83-7183-230-3

Druk i oprawa: Białostockie Zakłady Graficzne SA